Karl Elze

Die englische Sprache und Literatur in Deutschland.

Eine Festschrift zur dreihundertjährigen Geburtsfeier Shakespeares

Karl Elze

Die englische Sprache und Literatur in Deutschland.
Eine Festschrift zur dreihundertjährigen Geburtsfeier Shakespeares

ISBN/EAN: 9783743352032

Hergestellt in Europa, USA, Kanada, Australien, Japan

Cover: Foto ©ninafisch / pixelio.de

Manufactured and distributed by brebook publishing software
(www.brebook.com)

Karl Elze

Die englische Sprache und Literatur in Deutschland.

Die englische Sprache und Literatur in Deutschland.

Eine Festschrift

zur dreihundertjährigen Geburtsfeier Shakespeare's.

Von

Karl Elze.

Dresden,
Louis Ehlermann.
1864.

I.

Geschichtlicher Ueberblick.

Die sprachlichen Wechselwirkungen zwischen England und Deutschland reichen bis in die ältesten Zeiten zurück; bei dem Mangel ausdrücklicher Angaben müssen wir ihre Geschichte jedoch zwischen den Zeilen der politischen und Handelsgeschichte beider Länder lesen, deren politische und merkantilische Verbindungen weit älter sind als die englische Sprache selbst. Ja es ist sogar nichts weniger als unwahrscheinlich, daß der Zusammenhang zwischen den dieselbe Sprache redenden Küstenbewohnern beider Länder seit der gewaltsamen Niederlassung der Angelsachsen in Britannien niemals ganz aufgehört hat. Bereits in den Gesetzen König Ethelreds (978—1016) wurden den Kaufleuten des römischen Kaisers ansehnliche Freiheiten bewilligt (sie wurden in der That den inländischen gleichgestellt), und die Abgeordneten der Stadt Köln rühmten sich später auf den Hansetagen wiederholentlich, daß sich die Kaufleute ihrer Stadt schon unter Wilhelm dem Eroberer bedeutender Vorrechte in England zu erfreuen gehabt hätten.*) In der zweiten Hälfte des 12. Jahrhunderts gestattete Heinrich II. den Kölnern, auf dem Markte zu London ihre

---

*) Sartorius, Urkundliche Geschichte des Ursprunges der deutschen Hanse. Herausgegeben von Lappenberg. I, 5.

Weine zu verkaufen, und gewährte ihnen in seinem ganzen Reiche Schutz, indem er allen seinen Richtern und übrigen Beamten befahl, die Güter und Besitzthümer der Kölner wie seine eigenen zu beschirmen. Derselbe König bestätigte auch in einer (noch erhaltenen) Urkunde den Lübeckern wie den Kauffahrern anderer deutschen Städte alle die Herkommen und Freiheiten, welche sie unter seinen Vorfahren genossen hatten. Schon damals besaßen die Kölner ein unter dem Namen der Gildehalle bekanntes Haus in London, das bereits im 10. Jahrhundert urkundlich erwähnt wird, und auch die Lübecker und andere deutsche Kaufleute scheinen daselbst bereits ansässig gewesen zu sein. Es liegt unserm Zwecke fern, zu untersuchen, wie sich diese Anfänge im Laufe der Zeit zu einem regelmäßigen und ausgebildeten Handelsverkehr entwickelten; wie die Rechtsverhältnisse der deutschen Kaufleute in England allmählich eine feste Gestalt annahmen; welche Freiheiten und Vorrechte ihnen von den verschiedenen Königen bewilligt wurden, und welche Gegenleistungen sie dafür übernehmen mußten, und wie endlich die Hanse sich während des 14. und 15. Jahrhunderts auch in England zur ersten Handelsmacht emporschwang. Auf Einen Punkt jedoch müssen wir unsere Aufmerksamkeit noch für einige Augenblicke richten, nämlich auf die vielfältigen Verzweigungen, in welchen sich dieser deutsch-englische Handelsverkehr über beide Länder netzartig verbreitete; denn nichts wäre irriger, als zu glauben, daß sich derselbe etwa nur auf einige hervorragende Seestädte der beiderseitigen Nordseeküsten beschränkt habe. Außer dem Stahlhofe in London errichtete die Hanse allmählich zahlreiche Zweiganstalten und Niederlagen, welche vom Stahlhofe beaufsichtigt wurden. Boston, Lynn (in Norfolk), Norwich, Grimsby, Hull, York u. a. waren solche hansische Handelsplätze, und der Stahlhof zu Lynn wurde erst im Jahre 1750 (für 800 Pf.) von den

Hanseaten verkauft. Die Hanseaten bezogen regelmäßig die Jahrmärkte im Binnenlande, wo sie Rohstoffe aufkauften und bei der Bevölkerung ihres guten Geldes wegen sehr gern gesehen waren. Sogar nach Schottland und Irland erstreckten sich ihre Handelsgeschäfte. In Schottland sicherten 1297 Murray und Wallace den Lübeckern und Hamburgern urkundlich freien Zutritt für ihre Waaren zu. Die Ausfuhr aus dem armen Lande wird freilich unbedeutend genug gewesen sein, und der Verkehr mit demselben wie mit Irland erlitt ohne Zweifel mannichfache Störungen durch die Unsicherheit der Meere, trotzdem daß Eduard I. 1273 den Hansischen freies Geleit dahin zugesagt hatte. In den Kriegen zwischen den Engländern und den Schotten leisteten die Oesterlinge den letztern aller Wahrscheinlichkeit nach zum öftern hülfreiche Zufuhren, wofür sie als ächte Kaufleute sich ohne Frage Gegenvortheile zu sichern wußten.

Vermuthlich standen die hansischen Kaufleute auch dem großartigen Bergwerksunternehmen unter Eduard III. nicht fern, welcher im Jahre 1347 einen Vertrag des Prinzen von Wales mit dem deutschen Handelsherrn Tidemann genehmigte, kraft dessen dem letztern die sämmtlichen Zinnbergwerke in Cornwallis und Devonshire auf drei und ein viertel Jahr zur unumschränkten Benutzung überlassen wurden, wie es scheint als Pfand für bedeutende Vorschüsse, welche er gemacht hatte. Ueberhaupt waren die Deutschen lange Zeit die Bankiers der englischen Krone. Eduard III. hatte die Kronjuwelen in Köln verpfändet, und die Deutschen lösten sie ihm wieder ein. Die Siege von Crecy und Poitiers, sagt eine englische Zeitschrift, wurden durch deutsches Kapital gewonnen. Ebenso geschah es vielleicht durch die Vermittelung der Hanse, daß etwa hundert Jahre später (1452) Heinrich VI. einen Freibrief für eine Gesellschaft von Bergleuten ertheilte, welche aus Ungarn, Böhmen und Meißen nach England kam.

Warum sollten die Hansischen nicht gern ihre Gelder auch in einträglichen gewerblichen Unternehmungen angelegt haben? Waren sie doch bei ihrer vielfach bevorzugten Stellung und bei dem unleugbaren Einflusse, den sie auf die englischen Herrscher ausübten, am ersten im Stande, alle dergleichen Unternehmungen am geschicktesten zu leiten und am vortheilhaftesten auszubeuten. Abermals hundert Jahre später (um 1540) ließ auch Jakob V. deutsche Bergleute nach Schottland kommen, welche dort namentlich in Clydesdale auf Gold und Silber bauten, welches beides gegenwärtig in Schottland nicht mehr gewonnen wird. Aus dem erstern wurden die den Münzsammlern bekannten Bonnet-Pieces geprägt.*) Ob hierbei auch hansische Mitwirkung im Spiele war, ist lediglich der Vermuthung anheimgegeben.

Wie sehr sich auch nach diesen Andeutungen die hansischen Handelsverhältnisse über ganz Großbritannien ausgebreitet haben müssen, so waren sie doch in Deutschland selbst noch viel weiter verzweigt; sie umfaßten in der That das ganze nördliche und den größten Theil des mittleren Deutschlands; nur das südliche stand ihnen fern. Es ist eine bekannte Thatsache, daß um die Mitte des 14. Jahrhunderts nicht weniger als achtzig Städte der Hanse theils als wirkliche Mitglieder, theils als schutzverwandte Orte angehörten, und darunter haben sicherlich die Binnenstädte in Westphalen, Sachsen, Thüringen, Pommern u. s. w. den Seehäfen an Zahl und Bedeutung nicht nachgestanden. Verschiedene Binnenorte, wie Köln, Braunschweig**), Soest und Neuß, trieben im 13. Jahrhundert unter eigener Flagge

---

*) Scott, Tales of a Grandfather. Chap. XXVII.

**) Den Braunschweigern verlieh Heinrich III. im Jahre 1230 auf Betrieb Otto's des Kindes (seines Verwandten) einen besondern Handelsschutzbrief.

Seehandel auf der Nord- und Ostsee, und in den auf uns gekommenen Urkunden werden namentlich auch Stade, Dortmund, Münster und Soest als nach England Handel treibend aufgeführt. Die Binnenstädte fanden reiche Nahrung in der Erzeugung und Herbeiführung der nach England wie nach dem Norden bestimmten Ausfuhrartikel, wie andererseits in der Verarbeitung der von dort eingeführten Rohstoffe. Schon im 15. Jahrhundert wurde eine regelmäßige, wohleingerichtete Verbindung zwischen den Hansestädten durch beeidigte öffentliche Boten unterhalten, welche zu Pferde oder zu Wagen Briefe, Gelder und Waaren beispielsweise in 20—21 Tagen von Danzig nach Brügge, in 25 Tagen von Danzig nach Nürnberg beförderten.*) Von Brügge gingen die Sendungen zu Schiffe nach London.

Wenn schon diese wenigen Thatsachen genügen, um den Beweis für einen Jahrhunderte lang bestehenden großartigen Handelsverkehr zwischen Nord- und Mitteldeutschland und Großbritannien zu liefern, so würden wir doch nur ein einseitiges Bild desselben erhalten, wenn wir nicht auch die Handelsthätigkeit der Engländer in Betracht ziehen wollten. Es war natürlich, daß der gewinnreiche Handelsbetrieb der Deutschen, sowie die ihnen in England bewilligten Begünstigungen bald den Neid und die Eifersucht des englischen Handelsstandes wach rufen mußten. In eben dem Maße, in welchem die Engländer in Gewerbe und Handel Fortschritte machten und sich als Nation fühlen lernten, fingen sie an, nach der Verdrängung der bevorzugten Ausländer von ihrem Grund und Boden zu trachten. Es bildeten sich allmählich englische Handelsgesellschaften, welche wir alsbald nach ihrer Entstehung als gefährliche Nebenbuhler der Hansischen auf-

---

*) Max Neumann, Geschichte des Wechsels im Hansagebiete nach archivalischen Urkunden. Erlangen, 1863. 88 f.

treten sehen. „Frühzeitig, sagt Burmeister*), suchten sie den Hochmeister des deutschen Ritterordens zu gewinnen, und mit dessen Unterstützung scheinen sie wirklich schon zu Anfang des 15. Jahrhunderts eine Faktorei zu Danzig gehabt zu haben." Die älteste dieser Gesellschaften war die der Kaufleute vom Stapel, die jedoch nach kurzer Zeit durch die Brüderschaft des h. Thomas a Becket, oder wie sie seit Anfang des 16. Jahrhunderts genannt wurde, die Gesellschaft der Adventurers, in den Hintergrund gedrängt wurde. Diese Adventurers, deren Name in den ältern deutschen Geschichtswerken „die Wagenden" übersetzt wird, erhielten bereits 1406 einen Gnadenbrief von Heinrich IV., nachdem derselbe König schon zwei Jahre früher einen Freibrief an diejenigen englischen Kaufleute ertheilt hatte, die in Preußen, Schonen und andern Ländern des hansischen Bundes wohnten. Durch diesen Freibrief wurden sie ermächtigt, sich alljährlich zu versammeln und an jedem Orte ihres Aufenthaltes einen Vorsteher zu wählen, der die Aufsicht über den englischen Handel in diesen Ländern haben und die englischen Kaufleute und übrigen daselbst ansässigen Landsleute regieren sollte. Aehnliche Beamte, offenbar eine Art Consuln, wurden um dieselbe Zeit auch bei den englischen Kaufleuten in den Niederlanden und in andern Theilen des Festlandes eingeführt. Dem größten Theile nach bestanden diese englischen Kaufmannschaften höchst wahrscheinlich aus Mitgliedern der Wagenden sammt ihren Schützlingen und Anhängern, welche es sich bei Fürsten und Städten viel Geld kosten ließen, um namentlich in Deutschland, Preußen und Polen festen Fuß zu fassen, wo sie begreiflicher Weise der Hanse sehr bedeutenden Abbruch thaten. Trotzdem wurden sie in Deutschland vorzüglich in Hamburg

---

*) Burmeister, Beiträge zur Geschichte Europas im 16. Jahrhundert aus den Archiven der Hansestädte. Rostock, 1843. 57 ff.

begünstigt, wohin sie sich 1566 oder 1568 gewandt hatten, und wo sie einen zehnjährigen Vertrag mit der Stadt schlossen, wonach sie gegen geringen Zoll freie Ein- und Ausfuhr und eine eigene Niederlassung mit selbstgewählten Vorstehern erhielten. Die Hanse erwirkte jedoch einen kaiserlichen Befehl, kraft dessen die Wagenden Hamburg mit Stade vertauschen mußten, wo ihnen Zollermäßigung, bevorrechteter Gerichtsstand, eigene Vorsteher, eigene Börse und Kirche bewilligt wurden. Aber auch von hier scheinen sie bald vertrieben worden zu sein und in Emden eine Zuflucht gefunden zu haben, wo die Gesellschaft auch früher schon ansässig gewesen zu sein scheint. Auch Nürnberg soll sie freudig aufgenommen haben oder doch aufzunehmen bereit gewesen sein. Allein der hansische und vielleicht auch spanischer Einfluß wußte es beim Kaiser Rudolf durchzusetzen, daß sie auch von hier ausgewiesen wurde und sich in Gröningen, Middelburg und anderen holländischen Städten niederlassen mußte, von wo sie vermuthlich starken Schleichhandel nach Deutschland trieb. Die Einzelnheiten dieser Vorgänge sind noch nicht genügend aufgeklärt. Es scheint sogar, als ob sich die Beziehungen der Wagenden zu Hamburg, Stade und Emden weder durch die Gegenbestrebungen der Hansa, noch durch kaiserliche Befehle vernichten ließen, sondern als ob dieselben unter andern Namen und Formen ununterbrochen fortgedauert hätten. Jedenfalls finden wir die Gesellschaft im 17. Jahrhundert in Hamburg wieder, wo sie blühende Geschäfte machte. Möglicher Weise ist es dieselbe Gesellschaft, welche später den Namen „der englische Hof" (the English Court) führte und bei welcher der Dichter Hageborn im Jahre 1733 als Sekretär angestellt wurde. Für die Bedeutung und den Umfang des von den Wagenden betriebenen Handels giebt es einen Maßstab ab, daß sie zu Anfang des 17. Jahrhunderts jährlich für etwa eine Million Pfunde an Tuchen und Zeugen aller

Art ausführten, von denen ohne Zweifel ein sehr beträchtlicher Theil seinen Weg nach Deutschland nahm, von wo die Wagenden dagegen Rheinweine, Kupfer, Stahl, Blechwaaren, Leinwand, ja sogar Nürnberger Spielsachen ausführten. Wie viel Tausend Schreiber, Krämer, Arbeiter, Kärrner und Boten müssen nicht durch den Verschleiß der eingeführten und durch die Erzeugung und Beförderung der auszuführenden Waaren Jahr aus Jahr ein beschäftigt worden sein! Im Jahre 1617 bestand die Gesellschaft der Wagenden aus ungefähr 4000 Mitgliedern.

Eine dritte englische Handelsgesellschaft, welche ihren Einfluß auf Deutschland ausgeübt hat, war die der ostländischen Kaufleute, welche 1579 ein Patent von der Königin Elisabeth erhielt, in welchem ihr der ausschließliche Handel nach Norwegen, Schweden, Polen, Litthauen, Preußen, Hinterpommern, Danzig, Elbing und Königsberg, ingleichen nach Kopenhagen, Finnland u. s. w. zugesichert wurde. Es ist nicht unseres Amtes, zu untersuchen, wie sich dieses Privilegium mit den Rechten der Wagenden und der Hanse vertrug; genug es wurde durch Karl I. 1629 bestätigt und erst 1672 beschränkt. Die ostländische Gesellschaft scheint besonders mit der deutschen Ostseeküste einen regen Verkehr unterhalten zu haben, und vor allen trieb wahrscheinlich Elbing lebhaften Handel mit derselben, welches auch zu den Wagenden gegen den Willen der übrigen Hansestädte gegen Ende des 16. Jahrhunderts in engen Beziehungen stand.

Neben diesen großartigen Handelsverhältnissen hatten die politischen und dynastischen Beziehungen zwischen England und Deutschland ununterbrochenen Fortgang und dürfen um so weniger übersehen werden, als sie vielfach mit den merkantilischen Hand in Hand gingen, sich gegenseitig oft großen Vorschub leisteten und in Gemeinschaft der englischen Sprache in Deutschland Bahn brachen. Schon zwischen Karl dem

Großen und den angelsächsischen Fürsten Offa und Ekbert bestand eine persönliche Freundschaft. Die ersten Vergünstigungen, welche „den Leuten des Kaisers" in London zu Theil wurden, knüpften sich an die Vermählung Otto des Großen mit der angelsächsischen Prinzessin Editha, der Tochter des Königs Edmund, und an seine daraus entstandene Freundschaft mit seinem Schwager Eadgar (Eadred bei Lappenberg) mit welchem er 959 ein Bündniß schloß. Heinrich V., der letzte Salier, war mit Mathilde, der Enkelin Wilhelm des Eroberers, vermählt, und Heinrich der Löwe war der Schwager Richard's Löwenherz, bei welchem er auch nach seinem Sturze mit den Seinigen Schutz fand.*) Durch diese letztgenannten Familienbande wurde bekanntlich England fast ein Jahrhundert lang in die welfisch-ghibellinischen Kämpfe hineingezogen. Friedrich II. hatte ebenfalls eine Engländerin zur Gemahlin, Isabelle, die Schwester Heinrichs III. und Richards von Cornwallis. Nach Friedrichs II. Tode erreichte der politische Einfluß Englands auf Deutschland seine Höhe durch die Wahl Richard's von Cornwallis zum deutschen Kaiser (Januar 1257), welche von Köln, Mainz und Bayern für 32 Tonnen Goldes gegen Alfons von Kastilien durchgesetzt wurde. Richard, der sich als den Erben der Staufen betrachtete, kam wiederholt und immer mit vollen Händen nach Deutschland, wo er sich auch in Göde von Falkenstein, das schönste Weib ihrer Zeit, verliebte und sie nach England führte. Ohne Zweifel führte er ein ansehnliches Gefolge

---

*) Die beiden Löwen bekümmerten sich freilich um alles andere eher als um sprachliche Dinge; allein bis auf einen gewissen Grad waren sie dazu gezwungen, denn sie und ihre Gefolgschaften mußten sich doch mit einander verständigen. Vielleicht brachte bei dieser Gelegenheit Eilhard von Oberg, ein Dienstmann Heinrich's des Löwen, das Original oder wenigstens den Stoff zu seinem Tristan aus England mit. Gödeke, Grundriß I, 27.

mit sich und unterhielt sowohl vor als auch nach seiner Krö=
nung, welche am 17. Mai 1257 zu Aachen wirklich voll=
zogen wurde, zahlreiche Unterhändler und Geschäftsbesorger
in verschiedenen Theilen Deutschlands. Um sich die Gunst der
deutschen Städte zu erwerben, erwirkte er in demselben Jahre
von seinem Bruder Heinrich III. Schutzbriefe für die Lübecker,
wie (1260) für die „Kaufleute des Reiches von Allemannien,
welche in London das Haus besitzen." Auch versuchte er die
Rheinzölle abzuschaffen, wol zum Danke für die Unterstützung,
welche ihm von den Städten zu Theil geworden war.

Außer den merkantilen und politischen giebt es endlich
eine dritte Art von Einflüssen, das sind die Einflüsse auf
dem kirchlichen Gebiete, welche sich in verschiedenen Strö=
mungen bemerkbar gemacht haben, von denen jedoch nur
Eine, in der Mitte des 16. Jahrhunderts, von sprachlichen
und literarischen Wirkungen begleitet gewesen zu sein scheint.
Das erste Auftreten der kirchlichen Einflüsse, die Verkündigung
des Christenthums in Deutschland durch die schottisch-irischen
Sendboten (Winfried, Willibrod, Willehad, Alcuin) fällt noch
vollständig in die angelsächsische Zeit, lange ehe von der
eigentlich englischen Sprache die Rede sein kann. Ob die
bekannte Einwirkung der Wiklefiten auf Huß und seine An=
hänger zu Ende des 14. und zu Anfang des 15. Jahrhun=
derts von irgend welchem Belang für eine wechselseitige
Sprachbekanntschaft gewesen sein mag, darüber läßt sich bei
dem Mangel jedes Anhaltpunktes keine Meinung bilden.
Von den spätern Bemühungen der Elisabeth, den Gang der
Reformation zu beeinflussen und unter den sich feindlich ge=
genüberstehenden protestantischen Bekenntnissen eine Einigung
herbeizuführen, können wir kaum etwas anderes sagen.*)

---

*) Pauli, Der Gang der internationalen Beziehungen zwischen
Deutschland und England. Gotha, 1859. S. 24 ff.

Diese Verhandlungen lagen jedoch zu ausschließlich auf dem diplomatischen Felde, als daß' wir ihnen eine Bedeutung für das sprachliche und literarische Ineinanderleben der beiden Nationen zuzuschreiben vermöchten. Die einzige in dieser Beziehung fruchtbare kirchliche Strömung ging vielmehr der Regierung der Elisabeth unmittelbar voran. Es war die unter ihrer Vorgängerin Statt findende protestantische Aus=
wanderung nach Deutschland. Die Verfolgungssucht der blu=
tigen Marie (1553 — 1558) trieb Schaaren gewissenstreuer Protestanten (die sog. Sakramentirer) nach dem Festlande, wo ihnen vorzugsweise Frankfurt am Main, Duisburg, Straß=
burg, Basel, Aarau, Zürich und Genf menschenfreundliche Aufnahme gewährten, während ihnen als Calvinisten die lutherischen Hansestädte und Dänemark glaubensfeindlich ent=
gegentraten und ihnen trotz Melanchthon's Fürbitte keine bleibende Stätte gönnten.*) Die Zahl dieser Vertriebenen belief sich auf mehr als 800 Personen, unter denen sich na=
türlich zahlreiche Geistliche (obenan fünf Bischöfe) befanden. Unter den Laien ragte an Rang namentlich die Herzogin von Suffolk hervor. Eine besonders zahlreiche und dauernde Niederlassung bildeten sie seit 1554 zu Frankfurt, wo es in ihrem eigenen Schooße zu confessioneller Spaltung und Tren=
nung kam. Sie wählten hier den Reformator Knox, der sich bis dahin in Genf aufgehalten hatte, zu ihrem Geistlichen; allein Knox wurde von seinem Gegner Dr. Richard Cox

---

*) S. History of the Troubles of Frankfort 1575, wieder abge=
druckt in Morgan's Phœnix Britannicus, 1708. — Dan. Neal, History of the Puritans, Lond. 1822. I, 74 und 93 ff. — Strype, Life of Arch-bishop Parker. — Plank, Geschichte des protestantischen Lehrbegriffs, 5. Band, 2. Theil. Plank spricht nicht sowohl von den englischen Flüchtlingen, als von den französischen und niederländischen Protestanten, welche des Glaubens wegen ihr Vaterland verlassen und unter Eduard VI. in London Schutz gefunden hatten.

(später Bischof von Ely) verdrängt und mußte nach Genf zurückkehren, wohin ihm ein Theil der Frankfurter Gemeinde folgte, während der zurückbleibende sich durch neuen Zuwachs verstärkte und als eine selbständige Gemeinde constituirte. Hier in Frankfurt war es, wo die Sekte der Puritaner ihren Ursprung nahm. In Genf entwickelte die englische Gemeinde ein besonders reges Leben und richtete sich eine Druckerei ein, aus welcher u. a. Coverdale's Uebersetzung der Bibel (the Geneva Bible) und englische Uebersetzungen der Genfer Liturgie und Kirchenordnung hervorgingen.*) Aber auch in vielen andern Orten, namentlich Universitäten, fehlte es nicht an versprengten englischen Protestanten. In Leipzig finden wir schon um 1513 den Londoner Richard Croke, der zu Eton und Cambridge seine Erziehung genossen hatte, als Professor der griechischen Sprache und als Lehrer des großen Camerarius. Croke's Hauptwerk, die Introductiones ad Graecam Linguam, erschien 1520 zu Köln.**) In Köln scheinen überhaupt um diese Zeit gelehrte und schriftstellernde Engländer mehrfach verkehrt zu haben. Hier kam auch (1561) der von John Hollybush aus dem Deutschen übersetzte „Heimische Apotheker" heraus.***) In Tübingen hielten sich um 1536 junge Engländer auf, welche der protestantische Kanzler Thomas Cromwell zu ihrer Ausbildung dorthin gesandt hatte.†)

---

*) Wittingham, einer der bedeutendsten Mitarbeiter an diesen Werken, war mit Calvin verschwägert.

**) Vermuthlich sind auch seine Orationes (1520) ebendaselbst erschienen. Croke war später Professor zu Löwen und Oxford. Heinrich VIII. sandte ihn nach Padua, um die dortige Universität für seine Scheidung zu gewinnen.

***) A most excellent and perfecto homish Apothecarye or homely physicke booke. Translated out the Almaine specho into English by Jhon Hollybush. Collen, Birckman. 1561.

†) Pauli a. a. O. 23 und 41.

13

In Helmstädt und Herborn studirte am Schlusse des Jahrhunderts Gilbert Jack (Jachaeus) aus Aberdeen, welcher am 11. April 1628 als Professor zu Leyden starb.

Nach diesen Vorausschickungen, die sich mit Leichtigkeit erweitern ließen, tritt uns jetzt die Frage entgegen, die uns geradeswegs auf unsern Gegenstand führt, welcher Sprache sich nämlich dieser merkantilische, politische und gelehrte Verkehr zwischen Engländern und Deutschen bediente. Wie verständigten sich die Hansischen in London und auf ihren übrigen englischen Faktoreien und Märkten? Wie die Wagenden und die ostländischen Kaufleute in den preußischen Ostseestädten? Wie die Agenten Richard's von Cornwallis im Rheinlande, abgesehen von der Sprache ihres Goldes, und wie die flüchtigen Protestanten und Theologen in Frankfurt und auf den deutschen Hochschulen? Zur Beantwortung dieser und ähnlicher Fragen stehen uns leider nur vereinzelte Anhaltpunkte zu Gebote. Das Lateinische, welches als die allgemeine diplomatische Sprache über Europa verbreitet war, bis es vom Französischen abgelöst wurde, diente auch der Hanse namentlich für ihre politischen Beziehungen, aber auch zu rein kaufmännischen Geschäften. Lateinische Wechsel und Quittungen sind sehr häufig. In England diente das Lateinische überhaupt für den schriftlichen Verkehr, bis um 1270 das Französische an seine Stelle trat. Jedoch zeigte sich das Niederdeutsche für den Verkehr der Hanse offenbar geeigneter und erlangte wenigstens in Deutschland allmählich das Uebergewicht über das Lateinische, wie die zahlreichen noch erhaltenen hansischen Urkunden beweisen. Die hansischen Rechts- und Gesetzbücher waren bekanntlich plattdeutsch abgefaßt. Sowohl hinsichtlich seines Wortschatzes als auch in der Einfachheit seiner grammatischen Struktur stand es dem Englischen außerordentlich nahe und nahm überdies wol nicht wenige Anglicismen in sich auf, so daß es in manchen Fällen schwierig zu entscheiden sein möchte, ob dies oder jenes Wort einheimisch oder aus dem Englischen aufgenommen war.*) Es kann uns daher nicht wundern, daß im Jahre 1455 John Joxall „ coopman van lynn int Engelant nw ter tyd to danczke wesende" einen Schuldbrief in reinem Niederdeutsch ausstellt; oder daß 1558 der Londoner Schiffer Johann Jetter in Niederdeutsch einen deutschen Kaufmann um ein Darlehn bittet; oder daß 1577 bei einem vor dem Danziger Schöppenstuhl geführten Wechselprozeß, bei welchem zwei Engländer, Roger Watson und James Hunt, betheiligt sind, weder englisch gesprochen, noch eines Dolmetschers Erwähnung gethan wird.**)

Anders mochte die Sache auf englischem Grund und Boden stehen, und wie in Deutschland die Engländer, so mußten sich hier ohne Zweifel die Deutschen der Landessitte und Landessprache anbequemen. Während des 11., 12. und 13. Jahrhunderts wird hier vermuthlich ein internationales Gemisch aus Halbsächsischem, Altenglischem, Normännisch-Französischem und den verschiedenen niederdeutschen Mundarten für den Fremdenverkehr gebraucht worden sein, wie sich ja die Seefahrer bis auf den heutigen Tag mit

---

*) Zum Belege heben wir aus den in Burmeister's Beiträgen mitgetheilten Urkunden einige Ausdrücke und Wendungen heraus: De *attorneis* der suluen coplude. — *Certeyn* oder *czerteyn*. — *Certificeret*. — *Costume* (customs). — *Derttich* (thirty). — *Durende* (during) den winter. — *Elk* (ilk, ilka) persone van Engheland. — To den *guberners* der suluen stat Dantzke. — *Late* koning van Engheland. — *Pagment* (pagimentum, payment). — Uppe de *peyne* van ghevangnisse. — *Ponte* (bonds) un artikele. — In deme sulue *Recorde*. — *Remedic*. — *Sestich* (sixty). — Konig Hinrik *som tid* (sometime) konigh van Engheland. — Von wat *State* oder *Condition* se sin komende, vonende oder vorkerende (periphrastische Conjugation). — Enige andere starke un *sufficient remedie*. — *Tzarter* (charter) un privilegien. — In allen *sortern* van vryheit. — *Tseſentich* (seventy).

**) Neumann S. 45, 47 und 208 ff.

einer sprachlichen Olla potrida durch die Welt helfen. Auch in Antwerpen erzeugte sich durch den beständigen Aufenthalt fremder Schiffer und Kaufleute eine ganz ähnliche Sprachenmischung. Die Schiffe fuhren damals nicht das ganze Jahr hindurch; oft konnten sie nur Eine große Fahrt im Jahre machen und lagen daher viel längere Zeit im Hafen. Auf diesem Wege sind zahlreiche Fremdwörter, auch romanische, ins Blämische eingedrungen. Nach der Mitte des 14. Jahrhunderts trat jedoch eine Aenderung durch die Festsetzung der englischen Sprache (das Mittelenglische) ein, welche bekanntlich im Jahre 1362 von Eduard III. zur amtlichen und gerichtlichen Sprache des Landes erklärt wurde. Um dieselbe Zeit wurde in ihr bereits der Grund zu einer nicht unansehnlichen Literatur gelegt, und sie hatte in Chaucer (1328 bis 1400) einen Dichter aufzuweisen, der noch heute zu den glänzendsten Namen nicht nur der englischen, sondern der europäischen Literatur gezählt wird. Eine mit so schnellem Wachsthum und so gewaltiger Lebenskraft auftretende Sprache konnte unmöglich ohne Einfluß auch auf die Ausländer bleiben, und gewiß machte sich hier auch auf sprachlichem Gebiete das Recht des Stärkeren in demselben Maße geltend, in welchem die Engländer in Bezug auf Handel und Gewerbthätigkeit den Hanseaten gegenüber erstarkten. So weit unsere geschichtlichen Quellen reichen, finden wir stets, daß im Verkehr der Engländer mit andern Völkern die englische Sprache die Oberhand behalten hat, während es dem Deutschen von jeher als ein Zeichen der Bildung und als eine Pflicht der Höflichkeit gegolten hat, sich jedem Ausländer in seiner eigenen Sprache verständlich zu machen. Während die englische Nationalität im Aufsteigen begriffen war und in der Sprache einen immer festern Ausdruck fand, stieg die deutsche, wenigstens soweit sie von der Hanse vertreten wurde, allmählich von ihrer Höhe herab, und das sich inselhaft abschließende

Volksthum der Engländer trat dem nach allen Weltgegenden zerfließenden Weltbürgerthum der Deutschen immer kompakter und sieghafter gegenüber.

Allerdings war die Organisation der Hanse während ihrer Blüthezeit so straff, daß sie ausländischen Einflüssen nicht ohne Erfolg Widerstand zu leisten vermochte. Ein mit eiserner Strenge gehandhabtes Gesetz verurtheilte bekanntlich alle Mitglieder und Beamten der auswärtigen Faktoreien zur Ehelosigkeit. Wer draußen eine Familie gründete, verlor sein Heimaths- und, was vielleicht noch schlimmer war, sein Hanserecht; in der vlämischen Hanse wurde sogar sein heimisches Vermögen eingezogen. In diesen Gesetzen lag die Centripetalkraft, welche alle nach der Peripherie entwichenen Glieder immer wieder zum heimathlichen Mittelpunkte zurückzog. Allein der internationale Verkehr konnte dadurch nicht unterdrückt werden, da er schon um der Geschäfte willen aufrecht erhalten werden mußte; auch mußte die Strenge der Gesetze und der Verwaltung in nicht zu langer Frist den unabweisbaren Forderungen des Lebens und des Völkerverkehrs weichen. Es lag in der Natur der Sache, daß sich die Glieder des Londoner Stahlhofes und seiner Zweiganstalten mehr oder mindere Vertrautheit mit der englischen Sprache erwerben mußten. Der Altermann des Stahlhofes mußte Bürger von London sein und wurde von der englischen Obrigkeit in Eid und Pflicht genommen; die Handelsgerichte, denen die Hansischen unterstanden, waren zur Hälfte aus Engländern, zur Hälfte aus Deutschen gebildet. Können wir anders annehmen, als daß in allen amtlichen Verhandlungen die englische Sprache gebraucht werden mußte? Auch besuchten die Deutschen in Ermangelung einer eigenen Kirche den englischen Gottesdienst, besonders in der Allerheiligen-Kirche. Außerdem war aber zu Ende des 16. und Anfang des 17. Jahrhunderts der Stahlhof ein beliebter Mittelpunkt für das

Londoner Wirthshausleben, wie wir aus den gleichzeitigen englischen Schauspielen ersehen.*) Die Rheinwein-Schenke im Stahlhofe mit ihrem Garten war ein von lustigen Gesellschaften vielfach besuchter Ort, wo Hans — das ist der stehende Name des Kellners — den kneiplustigen Londonern ohne Zweifel von seinem besten Hochheimer und Rüdesheimer verzapfen und ihnen Kaviar, Lachs, geräucherte Ochsenzunge und andere Leckerbissen auftragen mußte, während sie dem Kegelspiel der jungen Deutschen zusahen. Wer will es für unwahrscheinlich erklären, daß auch Shakespeare und seine Genossen sich hier an deutschem Rebensafte gelabt und begeistert haben mögen? Die Worte Hamlets in der vierten Scene des ersten Aktes:

> Der König wacht die Nacht durch, zecht vollauf,
> Hält Schmaus und taumelt den geräusch'gen Walzer;
> Und wie er Züge Rheinweins niedergießt,
> Verkünden schmetternd Pauken und Trompeten
> Den ausgebrachten Trunk —

machen im Gegentheile durchaus den Eindruck, als habe Shakespeare die Züge zu diesem Bilde dem Stahlhofe entnommen und dort nicht nur die Bekanntschaft des Rheinweins, sondern auch die des in England fremden Walzers gemacht. Die Londoner rabebrechten hier Niederdeutsch und Holländisch, die Deutschen dagegen Englisch. Daß der Londoner Bürgerstand unter Elisabeth einige Kenntniß der holländischen Sprache besessen haben muß, läßt sich aus der Leichtigkeit schließen, mit welcher sich in den damaligen Lustspielen Personen, welche nicht erkannt sein wollen, als Hol-

---

*) Siehe z. B. Decker's und Webster's Westward Ho (1607), Akt 2. — Thom. Nash, Pierce Penniless (1592). — R. Pauli, Bilder aus Alt-England, S. 149—173 (Der hansische Stahlhof in London). — Wegen des Walzers (up-spring) s. meine Ausgabe des Hamlet S. 135.

länder verkappen und Holländisch parliren.*) Daß auf der andern Seite die in London ansäſſigen Deutſchen ſich des Engliſchen befleißigten, geht aus einigen charakteriſtiſchen Thatſachen zur Genüge hervor. Um das Jahr 1600 klagte der Schriftführer des Stahlhofes, Namens Damsdorff, daß er mit ſeinem Gehalte von 60 Pf. nicht auskäme und genöthigt ſei, ſich durch engliſchen (nicht deutſchen!) Sprachunterricht einen Nebenverdienſt zu ſchaffen. Vermuthlich war er eine Art Einpauker für die jungen nach London kommenden Deutſchen. Er starb 1603 an der Peſt, und ſein Nachfolger wurde ein Student aus Schleſien, Martin Otto, von welchem ausdrücklich geſagt wird, daß er ein Kenner der engliſchen und franzöſiſchen Sprache war. Es iſt möglich, daß er dieſe Kenntniß in der Fremde erworben hatte; jedenfalls gab es doch alſo in dem entlegenen Schleſien Männer, die des Engliſchen mächtig waren, wogegen wir ſehr zweifeln, daß es

---

*) So z. B. in The Shoemaker's Holiday (1600) und in The London Prodigal (1605). Als ein Pröbchen dieſes angliſirten Holländiſch möge das Trinklied aus dem erſtgenannten Stücke dienen:

There was een boer van Gelderland,
    Frolick si byen,
He was as drunk he could not stand,
    Upsolee si byen;
Tap eens de canikin,
Drink schene manikin!

Nach der Emendirung meines verehrten Freundes Prof. Hoffmann von Fallersleben, dem das Lied übrigens unbekannt iſt, müſſen die Verſe in reinem Holländiſch folgendermaßen gelautet haben:

Daer was een boer van Gelderlant,
    Vrolijkeit si bi hem!
Hi was dronken, hi en cost niet staen,
    Absolutie si bi hem!
Tap eens het canneken,
Drink schone manneken!

den Wagenden um diese Zeit gelungen sein möchte, in Yorkshire oder Cumberland einen eingeborenen Sekretär zu finden, der des Deutschen und Französischen kundig gewesen wäre. Ihre Dolmetscher und Schreiber in Deutschland nahmen sie aller Wahrscheinlichkeit nach weniger aus ihren eigenen Landsleuten, als aus den Deutschen — es müßten sich denn die Charaktere der beiden Nationen seitdem in ihr Gegentheil verkehrt haben. Wir werden unter diesen Umständen gewiß nicht fehl gehen, wenn wir annehmen, daß in allen deutschen Hansestädten, und zwar nicht in den Seestädten allein, die englische Sprache während des 16. Jahrhunderts keineswegs eine unbekannte Größe war, sondern je nach der Lebhaftigkeit ihres Verkehrs mit England, wie mit den in Deutschland Handel treibenden oder ansässigen Engländern verstanden und gepflegt wurde. Gewiß hatte diese Pflege einen vorwiegend praktischen Charakter; allein sie bahnte doch den Weg zu der spätern literarischen und wissenschaftlichen Bekanntschaft mit der englischen Literatur und Sprache, welche sich von da ab in ununterbrochener Kette bis auf den heutigen Tag fortgesetzt hat. Eine Epoche machende Erscheinung, welche uns am Ende des 16. Jahrhunderts entgegentritt, bildet den Uebergang von diesem praktischen Betriebe zum wirklichen Studium, eine Erscheinung, welche eben so sehr zur Bestätigung der im Bisherigen entwickelten Ansicht dient, als sie ihrerseits erst durch den Einfluß verständlich und erklärbar wird, den der deutsch-englische und englisch-deutsche Handel, die politischen und theologischen Wechselbeziehungen auf die Erlernung und Pflege der englischen Sprache in Deutschland ausgeübt haben.

Diese Erscheinung ist das Auftreten der sogenannten englischen Komödianten, welche, über die Niederlande kommend, seit dem letzten Jahrzehnt des 16. Jahrhunderts sich schnell über ganz Deutschland verbreiteten und den entschiebenften Einfluß auf die deutsche Bühne und dramatische Dichtung ausübten. Es sind sehr verschiedene Ansichten darüber geltend gemacht worden, wer diese englischen Komödianten eigentlich waren, ob junge Deutsche vom hansischen Comtor in London, oder ob Abenteurer und Liebhaber des Theaters, welche vom Festlande nach London gegangen waren und von dort mit einem Vorrath beliebter Stücke zurückkamen, oder endlich, wenn sie geborene Engländer waren, ob sie sich bei ihren Aufführungen der englischen oder der deutschen Sprache bedienten.*) Es liegen gegenwärtig genügende Beweismittel vor, um uns hierin einigermaßen klar sehen zu lassen und um es fast zur Gewißheit zu erheben, daß die englischen Komödianten ursprünglich geborene Engländer waren und ursprünglich englische Stücke aufführten. Bald genug schlossen sich ihnen dann Deutsche an, vielleicht auch mehrere der 1599 von der Königin Elisabeth aus England verbannten Hanseaten, und die Engländer bemächtigten sich zu ihren Darstellungen der niederdeutschen Sprache, die ihnen, wie wir gesehen haben, bereits in der Heimath nicht fremd gewesen war, bis sowohl die Truppen als auch ihr Repertoir völlig deutsch wurden. Gödeke betrachtet es als so selbstverständlich, daß die englischen Komödianten sich der deutschen Sprache bedienten, daß er nur im Vorbeigehn gegen den Herausgeber der Beiträge zur Hildesheimer Geschichte bemerkt, er sage aus Mißverstand, die englischen Komödianten, die 1599 in Hildesheim spielten, hätten Vorstellungen in englischer Sprache gegeben.**) Gervinus und Koberstein drücken sich vorsichtiger aus und lassen die Sache

---

*) Tieck, Deutsches Theater. — Koberstein, Grundriß 1, 409. — Wahrscheinlich hat es sich mit den englischen Komödianten ganz ähnlich verhalten, wie später mit den sogenannten englischen Bereitern.

**) Gödeke 1, 408.

eigentlich in der Schwebe. Denn daß Gervinus*) die Bezeichnung der 1620 erschienenen Stücke als englischer für eine offenbare Speculation erklärt, entscheidet nichts. Wenn er dagegen (III, 97) sagt, an Studenten und dergleichen selbst gebildeteren Theilnehmern könne es in Deutschland um so weniger gefehlt haben, als diese bisher selbst die Hauptacteurs gemacht hätten, so scheint darin der Glaube an englische Vorstellungen ausgesprochen zu sein. Nach unserer bisherigen Darstellung glauben wir nicht zu übertreiben, wenn wir sowohl an den Höfen, wie in den Hanse- und Reichsstädten soviel Kenntniß der englischen Sprache voraussetzen, als nöthig war, um an den, besonders durch die Außendinge wirkenden Aufführungen der Engländer Geschmack zu finden. Wir nehmen damit nicht mehr an, als was auch in unsern Tagen englische, französische und italienische Schauspielergesellschaften bei uns vorgefunden haben. Das deutsche Volk hatte lange genug sogar an lateinischen Darstellungen Gefallen gefunden, obwohl es die Sprache gar nicht verstand; wie viel eher konnte es englischen Stücken seine Theilnahme widmen, von deren Sprache es wenigstens eine theilweise Kenntniß besaß? Die Sache steht keineswegs vereinzelt da, denn schon im 16. Jahrhundert finden wir italienische Schauspieler in Frankreich und Spanien, und im 17. französische und spanische in London, während deutsche Truppen die Niederlande und die nordischen Reiche bereisten. Wir haben jedoch auch thatsächliche Beweisgründe genug, um sie für unsere sich schon aus innern Gründen ergebende Ansicht ins Feld zu führen. Die umfassendsten Untersuchungen in dieser Hinsicht verdanken wir einem in Deutschland gebildeten

---

*) 111, 113, 1. Ausg. Vergl. dazu seinen Shakespeare, 3. Aufl., I, 114.

Engländer, Dr. William Bell*), dessen Darstellung wir daher dem Folgenden zu Grunde legen.

Als Graf Leicester 1586 als Befehlshaber der englischen Hülfstruppen nach Holland ging, nahm er eine Schauspielertruppe mit, welche im folgenden Jahre wieder mit ihm nach England zurückkehrte; ob vollzählig, darüber schweigen die Berichte. Darunter befand sich ein Schauspieler, welcher schlechtweg Will genannt wird (Lord Lester's jesting player Will)**) und welchen Dr. Bell für Niemand anders als für Will Shakespeare erklärt, der allerdings der Truppe des Lord-Kämmerers Leicester angehörte. Dr. Bell glaubt, Will Shakespeare sei nicht zurückgekehrt, sondern weiter nach Deutschland gegangen.

In gleicher Weise hatten die Ordensgesandten, Lord Spencer und Sir William Dethick, welche dem Herzoge Friedrich von Würtemberg im Jahre 1603 den Hosenbandorden überbrachten, ebenfalls die unentbehrliche Schauspielertruppe in ihrem Gefolge, „vier ausgezeichnete Musiker zugleich mit zehn Dienern," d. h. Schauspielern. So bezeichnet sie nämlich Eduard Cellius, Professor zu Tübingen, in seiner Beschreibung dieser Ordensgesandtschaft***) und fügt erläuternd hinzu: „England bringt nämlich viele und vorzügliche Musiker, Lust- und Trauerspieler hervor, die in der Bühnenkunst sehr erfahren sind, und von denen einige bisweilen, ihre Heimath auf einige Zeit verlassend, zu auswärtigen Nationen zu reisen und ihre Kunst vorzüglich an den Höfen der Fürsten zu zeigen pflegen," von wo sie dann, wie es weiter heißt,

---

*) Shakespeare's Puck and his Folkslore. London 1853—1860. II, 227—344.

**) John Bruce, Who was Will my Lord of Lester's Jesting Player? (Shakespeare Society's Publications.)

***) Eques Auratus Anglo-Wirtembergiensis. Tubingae, 1605.

mit Gold und Silber beladen nach Hause zurückkehren. Als die protestantische Union im Jahre 1610 zu Hall beschloß, mit den auswärtigen protestantischen Mächten Verbindungen anzuknüpfen, wählte sie den Herzog Friedrich zu ihrem Gesandten in England, da derselbe schon 1592 einmal eine Reise dahin unternommen hatte und jedenfalls am englischen Hofe bekannt und beliebt war. Das über die zweite Reise von seinem Sekretär geführte (französische) Tagebuch befindet sich handschriftlich im Britischen Museum. Wir ersehen daraus, daß der Herzog u. a. das Globe-Theater besuchte, wo er Shakespeare's Othello sah. Der Herzog und sein Gefolge verstand also nicht nur Englisch, sondern in den Lustigen Weibern IV, 3, wo auf den Herzog und andere Deutsche angespielt wird, die vermuthlich in England ansässig waren und ihren fürstlichen Landsmann in Windsor bewillkommneten, wird mit ausdrücklichen Worten gesagt, daß sie auch Englisch sprachen.

Aber auch auf eigene Hand kamen englische Schauspielergesellschaften herüber. In einem von Herrn A. Cohn veröffentlichten französischen Passe vom 10. Februar 1591[*]) werden die Inhaber desselben, Robert Browne, Richard Jones und Genossen, welche sich über Seeland, Holland und Friesland nach Deutschland begeben wollen, dem Schutze der ausländischen Behörden empfohlen. Auf ihrer Reise, heißt es, beabsichtigen sie „d'exercer leurs qualitez en fait de musique, agilitez et joeuz de commedies, tragedies et histoires pour s'entretenir et fournir à leurs despenses en leur dict voyage." Richard Jones verkaufte, wie wir

---

[*]) Athenæum No. 1652, June 25, 1859 p. 842. Vergl. Athenæum No. 1139, 1185, 1210 und 1212. — Der Paß ist von C. Howard ausgestellt, welcher im folgenden Jahre auch dem Herzoge von Würtemberg einen Paß für England ertheilte.

aus anderen Quellen wissen, am 3. Januar 1589 seine theatralischen Habseligkeiten für 37 Pf. 10 Schillinge an Edward Alleyn. In einem, leider undatirten Briefe*) an Alleyn zeigt er diesem seinen Entschluß an, mit der von Browne geleiteten Gesellschaft über's Meer zu gehen. Als Grund giebt er seinen armseligen Verdienst an; manchen Tag verdiene er einen Schilling, manchen Tag auch gar nichts. Zugleich dankt er Alleyn für die ihm während einer Krankheit bewiesene Hülfe und bittet ihn, ihm auf seine Garderobe eine Reiseunterstützung vorzuschießen, welche er von seinem ersten Verdienste zurückzuzahlen verspricht. Da Richard Jones wiederholentlich in den Jahren 1593—1601 in Henslowe's Tagebuche erwähnt wird, so war er vermuthlich um diese Zeit von seiner Kunstreise zurückgekehrt. Wahrscheinlich gehörten Jones und Browne beide zu der in Henslowe's Theater zu Newington spielenden Gesellschaft des Lord Admirals und standen somit dem Shakespeare'schen Kreise sehr nahe, da während des Baues des Globe-Theaters 1594—96 die Truppe des Lord Kammerherrn abwechselnd mit den Dienern des Admirals gleichfalls im Newington-Theater spielte, und beide Truppen jedenfalls schon früher mit einander befreundet waren. So dicht von dem großen Mittelpunkte der dramatischen Poesie und Kunst Englands ging also die Gesellschaft aus, welche sich 1591 nach Deutschland auf Kunstreisen begab, und wir behaupten danach schwerlich zu viel, wenn wir schon bei Shakespeare's Lebzeiten von ihm ausgehende Einwirkungen auf unsere Bühne und unsere dramatische Dichtung zu erkennen glauben, wenn wir Shakespeare an der Quelle der geistigen Strömung stehen sehn, welche sich seitdem in unser literarisches Leben ergossen hat. Dr. Bell, wie gesagt, geht noch weiter, indem

---

*) Collier, Alleyn Papers 19.

er nachzuweisen sucht, daß Shakespeare, nachdem er sich in den Niederlanden von Graf Leicester's Truppe getrennt, sich nach Deutschland gewandt und hier während der Jahre 1586 bis 1589 wandernden Schauspielergesellschaften angehört habe. Das würde mit der Angabe stimmen, daß Shakespeare des bekannten Wilddiebstahls wegen sein Land habe verlassen müssen, und die drei leeren Jahre in seinem Leben wären auf diese Weise ausgefüllt. Dr. Bell hält es sogar nicht für unmöglich, daß Shakespeare Hans Sachsens und Ayrers Stücke nicht allein gesehen und gelesen habe, sondern daß er selbst in ihnen aufgetreten sei. Was Ayrer anlangt, so ist jetzt ziemlich ausgemacht, daß er bereits 1605 mit Tode abgegangen ist und viele seiner Schauspiele geschrieben hat, ehe Shakespeare seine dichterische Laufbahn begann. Nach Dr. Bell hat daher nicht Ayrer von Shakespeare, sondern umgekehrt Shakespeare von Ayrer entlehnt. Allein gerade von den Stücken, auf die es hier ankommt, ist in der Dresdener Handschrift der Ayrer'schen Schauspiele die Entstehungszeit nicht angegeben, und es steht nichts im Wege, bei ihnen eine Benutzung Shakespeare's anzunehmen. Dr. Bell's Ansicht kann trotz ihrer gelehrten Durchführung bis auf Weiteres nur als eine geistreiche Hypothese gelten, obwohl wir Deutsche uns nur freuen könnten, uns den großen Barden auch auf diesem Wege so nahe gerückt und gewissermaßen bei uns eingebürgert zu sehen. Es läßt sich übrigens sehr wohl denken, daß Shakespeare, auch ohne in Deutschland gewesen zu sein, Kunde von Hans Sachs und Ayrer erhalten haben kann. Sollten die von ihren Kunstreisen heimkehrenden englischen Komödianten nicht ein oder das andere fliegende Blatt Hans Sachsens oder dies und jenes Stück Ayrers in einer Bühnenabschrift mit nach ihrer Heimath genommen haben? Gewiß hat das bei dem so

außerordentlich regen literarischen Verkehr jener Zeit nichts
Unwahrscheinliches.*)

Hierzu treten noch andere Erwägungen, welche die Auf=
führung englischer Stücke in Deutschland erklärlich machen.
Gegen Ende des 16. Jahrhunderts war in London die Liebe
zum Theater auf ihren Höhepunkt gestiegen; auf der Bühne
begegnete sich Poesie und Mode, Hofstaat und Bürgerthum,
Kunst und Alltagsleben. Wer immer Anspruch auf Bildung
und Rang machte, war ein Theaterliebhaber. Ist es nicht
natürlich, daß auch die jungen Herren des Stahlhofes, die
allem Anschein nach keine unbedeutende Rolle in London
spielten, und die übrigen in London verweilenden Deutschen
dem herrschenden Geschmacke huldigten, um so mehr als
um diese Zeit an die Stelle der alten kaufmännischen Ab=
geschlossenheit und bürgerlichen Sittenstrenge in den auslän=
dischen Comtoren Wohlleben und modisches Wesen getreten
waren. Es erscheint ganz erklärlich, daß die reichen Jüng=
linge Bekanntschaft mit den Schauspielern pflogen und ein=
zelne derselben zu einer Kunstreise nach ihrem Vaterlande
bereden mochten, um bei ihrer Rückkehr nach den vergleichs=
weise ungebildeteren und langweiligen Vaterstädten das ge=
wohnte Vergnügen nicht entbehren zu müssen. Denn während
in England das Theater auf seinem Gipfel stand, lag es
bei uns noch in den Windeln. Weder die abgestandenen geist=
lichen Stücke und Schulkomödien, noch die rohen Fastnachts=
spiele vermochten einen durch Shakespeare und seine Zeit=
genossen gebildeten Geschmack zu befriedigen. Aber nicht
allein die jungen Herren der Hanse zogen die Komödianten
nach den Niederlanden und Deutschland herüber, sondern
nicht minder die auf dem Festlande lebenden Glieder der

---

*) Dr. Wölffel, Ueber Shakespeare's Wintermährchen, im Album
des Literarischen Vereins in Nürnberg. 1860. S. 177.

englischen Handelsgesellschaften. Sollten diese gewissermaßen im Exil schmachtenden Landsleute nicht auch nach dem nationalen Vergnügen Verlangen getragen haben, welchem sich die große Elisabeth mit nicht geringerer Begeisterung hingab, als der niedrigste ihrer Unterthanen? Sie müßten keine Engländer gewesen sein, wenn sie nicht wie Kletten am Mutterlande gehangen hätten, und so gut sie sich in den flandrischen und deutschen Städten ihre eigenen Kirchen einrichteten, eben so gut trachteten sie gewiß nach einem Ableger ihrer heimischen Schaubühne. Nicht mindere Anziehungskraft als die beiden genannten besaß ein dritter Faktor, das war die sich der Fürstenhöfe bemächtigende Mode. Heywood in seiner Apology for Actors (1612) berichtet, der König von Dänemark, Vater des gegenwärtigen, habe in seinem Dienste eine Gesellschaft englischer Schauspieler gehabt, welche ihm vom Grafen von Leicester empfohlen worden sei. „Der Herzog von Braunschweig (Heinrich Julius, der bekannte dramatische Dichter), heißt es weiter, und der Landgraf von Hessen (Moritz) unterhalten an ihren Höfen gewisse englische Schauspieler von derselben Qualität. Ingleichen besoldet gegenwärtig der Kardinal von Brüssel Komödianten aus unserem Lande." Der damals regierende König von Dänemark war Christian IV. (1588—1648), sein Vater Friedrich II. (1559—1588). Der dänische wie der braunschweigische Hof standen von Alters her in so vielfachen politischen und verwandtschaftlichen Bezügen zu England, daß ihre In=Dienst=Nahme englischer Schauspieler nicht das mindeste Auffällige hat. Sie entsprach nur ihren „Traditionen." Auch unter sich waren beide Höfe sehr nahe mit einander verbunden, indem Elisabeth, König Friedrich's II. Tochter, die zweite Gemahlin des Herzogs Heinrich Julius war.*)

---

*) Holland, Die Schauspiele des Herzogs Heinrich Julius von

Diesen von außen an sie ergehenden Lockungen und Anträgen entsprachen die englischen Schauspieler um so lieber, als vielen unter ihnen die Ueberfüllung und übergroße Concurrenz in der Heimath sich für ihr Fortkommen hinderlich erweisen mochte. Das englische Theater war ein überschäumender Becher. Gewiß mancher dürftige und ehrgeizige Schauspieler, der daheim nicht zu Gelderwerb und Ansehn gelangen konnte, hieß ein noch nicht abgeärntetes Feld für seine Thätigkeit mit Freuden willkommen. Collier*) führt aus der 1625 erschienenen Flugschrift A Rodde for Runawayes eine schlagende Stelle an: „We can be bankrupts, heißt es, on this side, and gentlemen of a company beyond sea; we burst in London, and are pieced at Rotterdam." Der ersten Truppe — Browne, Jones und Genossen waren schwerlich die ersten — welche ihr Heil in den niederländischen und niederdeutschen Handelsplätzen versuchte, mögen daher bald genug andere gefolgt sein, besonders seitdem im Jahre 1600 oder 1601 eine Anzahl kleinerer Theater in London zu Gunsten des Globe- und des Bank-Theaters geschlossen wurden,**) wodurch ohne Zweifel manche untergeordnete Truppe zur Brotlosigkeit verurtheilt und von London vertrieben wurde. Im Jahre 1617 spielte eine 24 Mann starke Truppe englischer Komödianten unter der Direktion eines N. Spencer zu Köln und wurde dort von irischen Kapuzinern zum Katholicismus bekehrt. Die Thätigkeit der englischen Schauspieler in Deutschland dauerte gewiß bis tief ins 17. Jahrhundert und erhielt wahrscheinlich sogar einen neuen Aufschwung, als im Jahre 1647 das englische

---

Braunschweig. Stuttgart, 1855. S. 806. — Herman Grimm, Das Theater des Herzogs Heinrich Julius, in seinen Essays.

*) Memoirs of Actors, 143.
**) Collier, History of English Dramatic Poetry. 1, 311.

Theater von den Puritanern geschlossen, und dadurch vermuthlich abermals eine beträchtliche Zahl von Schauspielern gezwungen wurde, der musenfeindlichen Heimath den Rücken zu kehren und auf dem freisinnigern Festlande ihren Broterwerb zu suchen. Damit stimmt die Angabe bei Gervinus (III, 423, 1. Ausg.), daß um 1670, also nachdem die Wunden des dreißigjährigen Krieges ein wenig vernarbt waren, die alten englischen Komödien wieder hervorgesucht wurden.

Die englischen Komödianten waren die ersten wirklichen Schauspieler auf deutschem Boden, denn die geistlichen und weltlichen Spiele waren bis dahin „in Kirchen, auf Märkten und andern Plätzen, in Rathhäusern, Universitäts- und Schulsälen, Gasthöfen, Fürsten- und Privatwohnungen von Personen aus allen Ständen, besonders aber Geistlichen und Schullehrern, Schülern und Studenten, Handwerkern und andern Bürgern" dargestellt worden.*) Die Engländer nannten sich wie zu Hause die Diener ihrer fürstlichen Herren und brachten ihre Bühneneinrichtung, ihre Kostüme, deren Pracht großes Aufsehn erregte, ihren Tanz (die Jigs), ihre Musik und ihren Clown mit. Die bedeutsamste Eigenthümlichkeit der Bühne war der sogenannte innere Schauplatz im Hintergrunde, wo die pantomimischen oder stillen Vorstellungen Statt fanden, welche der englischen Dumb Show entsprachen, und während des 17. Jahrhunderts in die ernsten deutschen Dramen eingelegt zu werden pflegten, obgleich sie in England von Shakespeare beseitigt worden waren.**) Sie finden sich z. B. in Rist's Friedewünschendem Deutschland (1647), in Gryphius' Carolus Stuardus und selbst noch in J. E. Hallmann's (1650—1704) Trauer-, Freuden- und

---

*) Koberstein I, 408.
**) Siehe Warton, History of English Poetry. III, 293 f. — Shakespeare's Hamlet, herausgeg. von Elze. S. 196 f.

Schäferspielen. Gervinus (III, 438) irrt wol, wenn er meint, daß diese „Tableaux" aus den Niederlanden nach Deutschland verpflanzt worden seien; sie sind allerdings über die Niederlande gekommen, stammen aber unzweifelhaft aus England. Die Musik der englischen Komödianten bestand ursprünglich aus Trommel und Pfeife, offenbar dem englischen Tabor und Pipe. So heißt es von der englischen Truppe des Landgrafen von Hessen-Kassel, welche im Jahre 1612 unter großem Zulauf in Nürnberg spielte, daß sie zuerst mit „zwei Trommeln und vier Trompeten" einen Umzug durch die Stadt gehalten habe. Die stillen Vorstellungen wurden wahrscheinlich, wie die Dumb Show in England, mit feierlicher Hoboen-Musik begleitet. Englische Musikanten werden oft erwähnt; englische „Instrumentisten" kamen um 1586 vom dänischen an den sächsischen Hof, wo sie bleibend in Dienst genommen wurden, und wo ein im Jahre 1629 mit 300 Thalern Gehalt angestellter Engländer John Price die „kleine Kammermusik" einführte. Englische Fiedler, Pfeifer und Trompeter gab es zwischen 1556—1584 wiederholt am Hofe Albrechts I. von Preußen. Was den Clown anlangt, so scheint er bei dem Durchgange durch die Niederlande am meisten modifizirt worden zu sein; er wurde denn auch in Deutschland bald vom holländischen Pickelhäring verdrängt. Doch finden wir noch beim Herzog Heinrich Julius wie in Ayrer's Stücken „Jahn Clam (= Clown), der Engellendisch Narr",*) in verschiedenen Variationen als Diener, Knecht, Kurzweiler, Arzt u. s. w. Auch die stehende Figur des Jan Posset ist augenscheinlich englischer Abkunft. Dr. Bell erklärt Posset für eine Verstümmelung aus Pudding, was sprachlich unmöglich ist. Posset ist eine Art Milchpunsch, die zu Shakespeares Zeit sehr beliebt war und namentlich

---

*) Göbeke I, 413 ff.

als Schlaftrunk diente.*) Des Narren Pflicht und Vorrecht war von je zu improvisiren, und seine Rolle wird daher oft nur durch die Bühnenweisung angedeutet: Allhier agieret Pickelhering. Daraus entstanden die komischen Zwischenspiele oder lustigen Schalthandlungen, wie sie Harsdörfer genannt hat. Bei Heinrich Julius spricht der Narr (mit einziger Ausnahme des Trauerspiels Vincentius) überall ein Plattdeutsch, das mannichfache Anklänge an das Englische darbietet.) Es ist dasselbe Platt, das sich, wie erwähnt, in den englischen Stücken vorfindet. In dem Stücke von einer Ehebrecherin thut er sogar die bezeichnende Aeußerung: „Ick bin ein Englisch Mann, Ick en sou dat dudsch sprake niet wal verstahn."**)

Auch zu Muthmaßungen über das englische Repertoir dieser Komödianten werden wir theils von englischer Seite, theils durch die Bearbeitungen und Nachahmungen Ahrers, des Herzogs von Braunschweig u. A. in den Stand gesetzt. Wie erratische Blöcke, si parva licet componere magnis, haben sich in hansestädtischen und anderen deutschen Bibliotheken einzelne englische Bücher erhalten, welche offenbar dem damaligen Verkehr mit England entstammen, und deren Inhalt vorzugsweise der dramatischen Poesie angehört. So befindet sich auf der Danziger Stadtbibliothek ein Sammelband, welcher neben anderen Sachen folgende Theaterstücke enthält: 1) Ben Jonson's Catiline his Conspiracy 1611. 2) Marlowe's Edward II., 1622. 3) Das Zwischenspiel

---

*) Drake, Shakespeare and his Times. Paris, 1838. p. 40. Nares Glossary s. Posset. — Gervinus, Koberstein, Gödeke und Holland lassen Posset unseres Wissens unerklärt.

**) Die Schauspiele des Herzogs Heinrich Julius herausg. von Holland. S. 411.

The Disobedient Child. 4) Das Lustspiel Mucedorus (Ausgabe von 1621*), das zwischen 1598 und 1668 sehr oft aufgelegt und von Manchen sogar Shakespeare selbst zugeschrieben worden ist. 5) Thomas Lodge und Robert Greene's Looking Glasse for London and England (Ausgabe von 1617) — ein Effektstück mit Verwandlungen, Versenkungen und dergl. 6) The Spanish Tragedy (Ausgabe von 1618). 7) Beaumont's Masque of the Inner Temple and Gray's Inn — berühmt wegen der prächtigen Ausstattung. 8) The Shoemaker's Holiday (Ausgabe von 1618), ein ächtes Zunftstück, wenn eine solche Bezeichnung gestattet ist. Aehnliche Funde sind zu Hamburg und Zürich (über diese besitzen wir leider keine nähere Kenntniß) und von Professor T. Mommsen in der gräflich Bentinck'schen Bibliothek zu Varel gemacht worden.**)

In dem Glauben, daß die genannten und ihnen verwandte Stücke wirklich in Deutschland aufgeführt worden sind, werden wir, wie gesagt, durch verschiedene deutsche Nachbildungen bestärkt. Hibaldeha's bereits 1594 veröffentlichtes Stück von einer Ehebrecherin berührt sich ganz merkwürdig mit Shakespeare's Lustigen Weibern, obwohl deren erster Entwurf erst acht Jahre später im Druck erschien, und beide sind daher wol auf eine gemeinsame Quelle zurückzuführen.***) Sein Ungeratener Sohn (1594) ist nach Hollands Worten „sichtlich unter dem Einflusse der Engländer geschrieben." Unter Ahrers Stücken findet sich eine Komödie, „Spiegel weiblicher Zucht und Ehr", die an

---

*) Nebenbei mag bemerkt werden, daß Halliwell, Dictionary of Old English Plays, diese Ausgabe nicht kennt.

**) Mommsen, Wilkins' Pericles, Prince of Tyre. Oldenburg, 1857.

***) Holland a. a. O. 874 ff.

Shakespeare's Viel Lärmen um Nichts erinnert,*) eine Komödie vom König in Cypern, welche mit Lewis Machin's Stummem Ritter zusammentrifft**) und die bekannte Pelimperia, welche wie das spätere gleichnamige Stück Kaspar von Stielers (Jena, 1680) mittelbar oder unmittelbar der spanischen Tragödie Kyd's (1602) entlehnt ist. Die englischen Komödien und Tragödien, welche, wie der Titel besagt, „von den Engelländern in Deutschland an Königlichen, Chur- und Fürstlichen Höfen, auch in vornehmen Reichs-, See- und Handelsstädten seynd agiret und gehalten worden," erschienen bekanntlich 1620. Daß es deutsche Stücke sind, thut unserer Ansicht keinen Abbruch; waren doch, seitdem Browne und Jones herübergekommen waren, bereits 29 Jahre verflossen, Zeit genug für die englischen Truppen, um sich einzubürgern, Deutsch zu lernen und überhaupt sich zu germanisiren. Die von ihnen anfänglich aufgeführten englischen Stücke in Deutschland drucken zu lassen, lag überdies keinerlei Veranlassung vor, obwohl sich eine Spur gefunden hat, die auch dies keineswegs unglaublich erscheinen läßt.***) Die „sehr klägliche Tragödie von Tito Andronico" in diesen englischen Komödien und Tragödien weist übrigens handgreiflich nicht nur auf das englische Theater, sondern auf Shakespeare selbst hin.†) Die Sammlung wurde 1624 und 1630 neu aufgelegt und fort-

---

*) Gödeke I, 413.

**) The Dumb Knight wurde 1608 in die Register der Stationers' Compagnie eingetragen und gedruckt; wenn also Ayrer wirklich 1605 gestorben ist, so kann er nicht das Stück selbst, sondern nur eine gemeinsame Quelle gekannt haben.

***) Athen. No. 1506, Sept. 6, 1856.

†) Derselbe Stoff wurde etwas später von Jan Vos (1620—1662) unter dem Titel 'Aaren en Titus', sowie von anderen holländischen Dichtern bearbeitet.

gesetzt, was ihre große Beliebtheit beweist, und 1670 folgte ihr die „Schaubühne englischer und französischer Komödianten", welche jedoch geringern Abgang gefunden haben muß, da sie erst 1727 wiederholt wurde. Die französischen Elemente, welche wir hier auftreten sehen, vermochten die englischen nicht zu verdrängen, vielmehr blieb die dramatische Poesie fortwährend den englischen Einwirkungen unterthan, sowohl was ihre Stoffe, als was die Kompositionsweise und die scenische Darstellung anbetrifft. So schließen z. B. bei Gryphius, Lohenstein, Hallmann und Rebhun die Aufzüge mit Chorgesängen oder Reien, gerade wie in den ältesten englischen Trauerspielen (z. B. in Ferrex and Porrex). Die holländischen Trauerspiele des 17. Jahrhunderts (namentlich die von Koster und Vondel) haben gleichfalls Chöre, und es läßt sich nicht verkennen, daß der gemeinschaftliche Ursprung dieser Einrichtung im Studium des antiken Dramas zu suchen ist. Das schließt jedoch nicht aus, daß unter den drei nachahmenden Nationen selbst ein Zusammenhang bestand und eine sich an die andere anlehnte. Die Holländer behandelten zwar meist antike Stoffe, doch schrieb Vondel auch eine Marie Stuart, und Joachim Oudaan (1628 bis 1692) eine Johanna Gray. Vondel's „Sieben Brüder oder die Gibeoniter" wurden von Gryphius übersetzt, der namentlich Shakespeare nicht bloß den Stoffen nach kannte, wie aus genauern Uebereinstimmungen Beider, die nicht aus einer gemeinschaftlichen Quelle geflossen sein können, erweisbar ist, selbst wenn man von Peter Squenz und dem Sommernachtstraum absehen will.*) Was den Squenz anlangt, so lernen wir aus Gryphius' Vorwort zu demselben, daß die erste deutsche Bearbeitung dieses Stoffes bereits von

---

*) Gödeke I, 484. Devrient, Geschichte der deutschen Schauspielkunst. I, 289 ff.

Daniel Schwenter (1585—1636) zu Altdorf „auf den Schauplatz geführt" wurde.

Gödeke (I, 408 ff.) spricht sich sehr streng gegen die englischen Comödianten aus. „Die Stoffe, die sie aus der Fremde mitbrachten, sagt er, sind unter ihren plumpen Händen bis zur tiefsten Roheit vergröbert. Alles darin ist gründlich gemein, voll der scheußlichsten Zoten, wie kaum bei den Nürnberger Fastnachtsdichtern; unzüchtige Akte auf dem Theater, wie sie selbst von den Nürnbergern nicht gewagt wurden. Diese Kunsthandwerker zogen mit ihren blutigen Greueln, schmutzigen Possen und prächtigen Lappen in Deutschland umher, ließen sich für Geld sehen — hätten sie es umsonst thun sollen? — und machten die Darsteller verächtlich. Daß sie und gerade sie Beifall fanden, ist in Deutschland um 1600 nicht gerade befremdend." Diese Verurtheilung, welche zu dem in der Vorrede zu den englischen Komödien ausgesprochenen Lobe im direktesten Gegensatze steht, trifft jedoch nicht sowohl die bei der Sache betheiligten Engländer, als vielmehr ihre deutschen Gehülfen und Nachtreter, mit Einem Worte den „grobianischen Volksgeschmack" der Deutschen, wie ihn Gervinus nennt. Gervinus ist gerechter; ohne die Roheit zu vertheidigen oder zu verkennen, wie barbarisch sich das Fremde in den Händen der damaligen Deutschen gestaltete, schlägt er doch die von den englischen Schauspielern ausgegangene Anregung keineswegs gering an, sowohl ihrer Ausdehnung nach, denn er hebt mit Recht hervor, daß wir die Spuren der Engländer in ganz Deutschland, in Nord und Süd, im Osten und Westen wiederfinden, als auch besonders hinsichtlich ihres innern Gehaltes. Die englischen Komödien waren es, welche dem gelehrten und geistlichen Drama gegenübertraten und dem Volksschauspiele Bahn brachen. „Wäre die Ausbildung des Schauspiels in Deutschland ungestört geblieben, fügt er hinzu, so würde sich der germanische Geschmack je länger je mehr in den englischen Stücken wiedergefunden und allmählich an den bessern geschult haben." — Die englischen Einflüsse erwiesen sich mit Einem Worte von Anfang an dem deutschen Volkscharakter verwandt und gleichartig und trugen im Gegensatz zu allen übrigen ausländischen Einwirkungen zur Kräftigung und Bewußtwerdung desselben bei. Das ist der Grundzug, welchen wir bis auf den heutigen Tag in denselben wiedererkennen.

Während, wie gesagt, alle diese Erscheinungen mehr oder minder deutlich auf Shakespeare zurückweisen, ist es merkwürdig, daß wir von den gleichzeitigen Dramatikern Webster, Ben Jonson, Beaumont, Fletcher, Massinger und Ford keine einzige in unsere Literatur herüberführende Spur zu entdecken vermögen. Wir finden in der That nur noch Einen unter Shakespeare's Zeitgenossen, welcher, freilich auf einem ganz andern Felde, von Bedeutung für den Gang unserer Poesie geworden ist, wir meinen Sir Philip Sidney (1554—1586), dessen Arcadia im Jahre 1629 von Valentin Theokritus von Hirschberg übersetzt wurde. So wunderbar es auch scheinen mag, so schnell verfiel doch der deutsche Geschmack aus den blutigen und unzüchtigen Greueln des Volkstheaters in die Schäferspiele, Schäferromane und Schäfergedichte, ja in den zweiten Theil der englischen Komödien (Liebeskampff u. s. w. 1630) hat sogar schon ein Schäferstück von Amyntas und Sylvia Eingang gefunden. Die eigentliche Bezugsquelle der Schäfereien war zwar nicht die englische, sondern die spanische und italienische Literatur, allein dessenungeachtet hat die deutsche Arkadia, welche von Opitz „übersehen" und neu herausgegeben wurde,*) unstreitig

---

*) Frankfurt 1638. Leyden 1642. Frankfurt 1643. Amsterdam o. J. Amsterdam 1659. Diese Ausgaben-Menge spricht beredt genug.

auf die Poesie der Pegnitzschäfer eingewirkt, wie schon der äußere Umstand beweisen mag, daß Harsdörfer und Klai, die beiden Stifter des Blumenordens, ihre Ordensnamen Strephon und Clajus der Arkadia entlehnten. Nebenbei mag daran erinnert werden, daß Opitz auch die Argenis des Schotten John Barclay (1582—1621) übersetzte, wie er überhaupt durch seine Anlehnung an fremde Literaturen der deutschen Uebersetzungsleidenschaft Thür und Thor öffnete und den Anstoß zur Abhängigkeit der deutschen Poesie vom Auslande gab.

Ein anderer Weg war es, auf welchem um dieselbe Zeit englischer Geist und Geschmack sich auf Rudolf Weckherlin (1584—1651) und etwas später auf Christian Wernike (etwa 1665—1715) geltend machte. Beide lebten längere Zeit in London, wo sie (der erstere bis an seinen Tod) bei Gesandtschaften angestellt waren. Wernike's Mutter war eine Engländerin. In seinen Angriffen auf den Schwulst und die Verirrung der zweiten schlesischen Schule, welcher Wernike anfänglich selbst angehangen hatte, zeigt es sich, daß durch das Studium der englischen und französischen Literatur eine Läuterung seiner Geistesrichtung bewirkt worden war. Beide Dichter haben übrigens weder englische Werke übersetzt, noch englische Stoffe bearbeitet.

Noch ehe das 17. Jahrhundert zu Ende ging, hatte auch der zweite unsterbliche Held der englischen Poesie, Milton, seinen Fuß in die deutsche Literatur gesetzt. Das Verlorene, oder, wie es damals hieß, das Verlustigte Paradies wurde zuerst von Theodor Haake (1605—1690) übersetzt, welcher wiederholt in England gewesen und dort dem Dichter persönlich nahe gekommen war, und mit Weckherlin Umgang gepflogen hatte. Seine Uebersetzung gelangte jedoch nicht an die Oeffentlichkeit, sondern wurde von Ernst Gottlieb von Berge (1649 bis nach 1710) benutzt, beziehungsweise vollendet.*) Berge's in reimlosen Jamben abgefaßte Uebersetzung erschien 1682 zu Zerbst. Es drängt sich an dieser Stelle ein Vergleich zwischen den Bahnen auf, welche die beiden größten Dichter Englands in Deutschland durchlaufen haben. Beide wurden noch bei ihren Lebzeiten dem germanischen Mutterlande bekannt, allein während die englischen Komödianten allem Vermuthen nach Shakespeare'sche Stücke zur Aufführung brachten, und Ayrer und Gryphius dieselben bearbeiteten, kümmerte sich Niemand um die Person des Dichters, welcher über seinen Werken in den Hintergrund trat und sogar wiederum in gänzliche Vergessenheit gerieth, so daß er in der zweiten Hälfte des vorigen Jahrhunderts eigentlich neu entdeckt werden mußte. Es bedurfte solcher Genien wie Lessing und Göthe, um den Deutschen den Beweis zu führen, daß Shakespeare ein Dichter sei, und selbst ein Wieland vermochte noch nicht, seine Werke in ihrem ursprünglichen metrischen Gewande wiederzugeben; das war der romantischen Schule vorbehalten. Seitdem haben es sich unsere besten Geister zur Ehre geschätzt, das Verständniß

---

*) E. G. von Berge war aus Bernburg gebürtig, machte große Reisen in Rußland und der Tartarei und hielt sich später in England auf. Er starb als churfürstlicher Dolmetscher oder Sekretär und Rathskämmerer in Berlin. Nach einer Anmerkung König's zu Besser's Schriften II, 891 hat er noch vieles Andere aus dem Englischen übersetzt, wovon jedoch bei Gödeke nichts erwähnt wird. Berge's ungereimte Fünffüßler waren aller Wahrscheinlichkeit nach die ersten in Deutschland, und Bodmer hat einen Rückschritt gegen ihn gemacht, indem er den Milton in Prosa übersetzt hat. — Ein merkwürdiges Zusammentreffen ist es, daß auch die ersten Uebersetzungen des Tasso und Ariost (durch Dietrich von dem Werder) wie des Cervantes von Anhalt ausgegangen sind, die letztere wenigstens insofern, als sie zuerst zu Köthen (1621) erschienen ist, denn ob der unter dem Namen Pahsch Bastel von der Sohle sich verbergende Uebersetzer ein Anhalter war, ist unbekannt.

Shakespeare's ihrem — und auch seinem eigenen — Volke näher zu bringen und zu verbreiten. Shakespeare ist auch bei uns ein Klassiker geworden, dessen Hauptdramen jeder Schulknabe kennen lernt, jede deutsche Bühne zu ihren Zugstücken und größten Leistungen rechnet, und jeder Pygmäe des deutschen Parnasses zu übersetzen und kritisch zu meistern unternimmt. Wie anders Milton! Durch persönliche Bekanntschaft mit ihm vermittelt erschien gleich die erste Uebersetzung im Versmaße der Urschrift und unter dem Namen des Verfassers, wie es sich ein Dichter nicht besser wünschen kann. Auch später wurde er wiederholt übersetzt, namentlich von Bodmer, Bürde und Zachariä (in Hexametern). Er gab die Anregung zu einer Anzahl religiöser Epen, namentlich zu Bodmer's Noachide und Sündflut, zu Geßner's Tod Abel's,*) zu Wieland's Geprüftem Abraham und begeisterte endlich durch Bodmer Klopstock zu seinem Messias.**) Allein in demselben Maße, in welchem die Kenntniß und Verehrung Shakespeares gewachsen ist, hat er verloren. Wie wenige unserer Landsleute lesen heute noch Milton, sei es in Uebersetzung oder Urschrift, und wie sehr gelten von ihm wie von Klopstock die Worte: „Wir möchten weniger gelobt und mehr gelesen sein!" Deutschland, das sich trotz der Ungunst politischer Verhältnisse in diesem Augenblicke anschickt, bei der universalen Geburtsfeier des Schwans vom Avon nicht zurückzubleiben, kümmert sich nicht um Miltons Geburts- oder Todestag!

Wir kommen zum 18. Jahrhundert. Hier treten uns die Einwirkungen der englischen Literatur auf die deutsche nicht mehr als einzelne Spione, sondern in Bataillonen ent-

---

*) Der Tod Abels fand seinerseits wieder große Theilnahme in England.
**) Koberstein 1228.

gegen, um die Worte des Königs im Hamlet zu gebrauchen. England hat seitdem keinen Ton angeschlagen, der nicht in Deutschland seinen Nachhall gefunden hätte, und unter den vielfarbigen Fäden, welche sich aus aller Herren Ländern nach Deutschland zusammenspinnen, um das bunte Gewand unserer National-Literatur zu weben, nehmen die englischen eine der hervorragendsten Stellen ein. Reiches Material ist in dieser Beziehung von Koberstein und Göbeke zusammengetragen worden. Unfähig und unlustig dasselbe zu vermehren, müssen wir uns unter dankbarer Benutzung ihrer ausgezeichneten Arbeiten auf den Versuch beschränken, die Hauptmomente herauszuheben und gewissermaßen den rothen Faden aufzuzeigen, der sich hindurchzieht. Wir können und wollen keinen Anspruch auf gelehrte Erschöpfung des Gegenstandes erheben.

Gleich an der Schwelle des Jahrhunderts begegnen wir den Robinsonaden, in denen die Schwärmerei für den Naturzustand vorspukt, welche durch Rousseau zur lichten Flamme angefacht wurde. Rousseau fand in Uebereinstimmung damit den Defoe'schen Robinson besonders empfehlenswerth für seinen Emil. Es ist dies der erste der beiden Fälle, wo bei uns der englische Einfluß dem französischen in die Hände arbeitete, während sie sich sonst überall feindlich gegenüberstanden. Die erste Uebersetzung des Defoe'schen Werkes erschien nur ein Jahr später als die Urschrift, nämlich 1720 zu Leipzig, und wurde noch in demselben Jahre viermal neu aufgelegt. Im folgenden Jahre kamen ein dritter und vierter Theil hinzu (Leyden, 1721), und es brach schnell ein wahres Robinson-Fieber in Deutschland aus, welches trotz seines akuten Charakters ein ganzes Menschenalter hindurch anhielt. Das Thema ward in mehr als 40 Nachahmungen auf jede mögliche Weise variirt, und es ist merkwürdig zu sehen, wie die darin sich aussprechende Lust und Schwärmerei für Reisen und Abenteuer zur See sich vorzugsweise der Binnenprovinzen bemächtigte, deren jede ihren Robinson besitzen wollte. Wir finden weder einen hamburgischen, noch einen bremischen, lübecker oder stettiner Robinson, wol aber einen sächsischen, schlesischen, thüringischen, schwäbischen, brandenburgischen, westphälischen, churpfälzischen, fränkischen, ja sogar einen Leipziger und Harz-Robinson. Aber auch die verschiedenen Stände und Religionen wollten nicht leer ausgehen, und es kamen demnach ein geistlicher, ein medizinischer, ein gelehrter, ein Buchhändler-Robinson, ein jüdischer, ein moralischer, ja sogar ein unsichtbarer Robinson zu Tage. Für die schönere Hälfte des menschlichen Geschlechts, welcher in den Discursen der Mahler der Robinson besonders anempfohlen ward, wurde durch eine „Jungfer Robinson oder die verschmitzte junge Magd", durch „Robunse mit ihrer Tochter Robinsgen oder die politische Standes-Jungfer" und andere Robinsoninnen gesorgt. Daran schlossen sich die zahlreichen sogenannten Abenturiers, sowie endlich die über viele andere Nachbildungen hervorragende, von Tieck neu bearbeitete Insel Felsenburg. Als der Philanthropismus die Erziehung nach Rousseau'schen Ideen zu reformiren sich bestrebte, griff man auch wieder zum Robinson und machte ihn pädagogischen Zwecken dienstbar. Von diesem Gesichtspunkte ausgehend und sich an das Dessauer Philanthropin anschließend, erschienen gleichzeitig im Jahre 1779 zwei neue Bearbeitungen von Johann Karl Wezel*) und von Campe, welcher letztere bekanntlich im Jahre 1777 Curator des Philanthropins war. Während Wezel's Robinson sich der jugendlichen Fassungskraft nicht anzupassen verstand und der Vergessenheit anheim-

---

*) Von Wezel's Robinson wurden zuerst einige Bruchstücke im zweiten Jahrgange der vom Philanthropin herausgegebenen Pädagogischen Unterhandlungen (ein Lesebuch für die Jugend) veröffentlicht (1778).

gefallen ist, hat sich der Campe'sche in mehr als 50 Auflagen bis heute als ein Lieblingsbuch der Jugend behauptet und ist in fast alle neuere Sprachen übersetzt worden. In neuester Zeit ist ihm allerdings durch Kapitän Marryat's Masterman Ready, welcher theils als englisches Unterrichtsbuch, theils in einer deutschen Bearbeitung (Sigismund Rüstig) in Deutschland vielfache Verbreitung gefunden hat, einiger Abbruch gethan worden.*)

Der zweite Fall, in welchem die englischen Einwirkungen mit den französischen Hand in Hand gingen, war bei Gottsched und seiner Schule. Gottsched schätzte hauptsächlich die französische Schule in der englischen Literatur und bemühte sich, ihr in Deutschland Eingang und Geltung zu verschaffen. Er begann seine schriftstellerische Laufbahn mit einer Nachahmung des Spectator's (Die vernünftigen Tadlerinnen, 1725—26), welcher er als Fortsetzung den „Biedermann" folgen ließ. Später (1739—43) lieferte seine Gattin unter seinen Augen und mit seiner Beihülfe sogar eine Uebersetzung des Spectator's, wie auch des Guardian (Der Aufseher oder Vormund). Gottsched sah die französische Literatur als die einzige an, „die nach den einzig wahren und unbedingt gültigen Kunstregeln der Alten hervorgebracht wäre." (Koberstein 1189 f.) Sein Studium der englischen Literatur konnte danach nicht zuletzt bei Shakespeare ankommen, wohin das Bodmer's in dessen Jünger Wieland führte, sondern fand seinen schließlichen Ausdruck in seinem Sterbenden Cato, sowie in den von seiner Gattin gelieferten Uebersetzungen des Addison'schen Cato (1735) und des Pope'schen Lockenraubes (1744). Für den spezifisch englischen Charakter und

---

*) S. Haken, Bibliothek der Robinsone in zweckmäßigen Auszügen. Berlin, 1805—8. 5 Bde. — Hettner, Robinson und die Robinsonaden. Berlin, 1854.

für Shakespeare gebrach es Gottscheb durchaus an Verständniß. Mit ihm hat das Schicksal merkwürdig gespielt. Dem preußischen Heere entfloh er als junger Magister zwar glücklich, allein dem Geiste desselben, dem pedantischen Formalismus, dem Dienste und der Verehrung der Regel um ihrer selbst willen konnte er nicht entgehen, sondern trug den innerlichen Zopf und Korporalstock als den hervorstechenden Zug seines Charakters zeitlebens mit sich herum.

Zu ganz andern Ergebnissen führte das Studium der englischen Literatur bei Gottscheb's Gegnern, den Schweizern, obwohl sie wenigstens theilweise ebenfalls von den Essayisten ausgingen. Zum Essayismus traten bei ihnen aber noch das religiöse Epos und die Balladenpoesie, welche letztere den Weg zu einer Neugestaltung unserer Poesie im volksthümlichen Geiste ebnen half. Es läßt sich nicht verkennen, daß die protestantische Schweiz mit ihrer energischen Verstandesklarheit, ihrem nüchternen kritischen Geiste, ihrer praktischen Lebensweisheit und bibeltreuen Frömmigkeit mannichfache Berührungspunkte mit dem englischen Wesen darbietet. Wir sehen hier wie dort ein derbes, sich selbst regierendes Volk, das seine Existenz den feindlichen Elementen, wie den nicht minder feindlichen Selbstherrschern abgerungen hat. Die Schweizer sind körperlich und geistig durch ihr Bergleben gestählt, wie die Engländer durch ihr Seeleben. Die Sympathie, durch welche sich die Engländer seit den Zeiten ihrer exilirten, calvinistischen Gemeinde zu Genf nach der Schweiz gezogen fühlen, scheint uns danach keineswegs ausschließlich auf den Reizen großartiger Naturschönheiten zu beruhen. Bodmer und seine Freunde nahmen sich, wie Gottscheb, den Spectator in ihren Discoursen der Mahler (1721—23)*)

) Es ist merkwürdig, wie in dem literarischen Kampfe zwischen den Schweizern und der Gottscheb'schen Schule die englische Literatur und deren Fortsetzung (Der Maler der Sitten) zum Muster, in denen namentlich auch die ästhetische und literarische Kritik sich Bahn zu brechen anfing. Dem Spectator erging es wie dem Robinson; die Nachahmung desselben wurde bei uns zur Epidemie. In allen Städten, vornämlich in Leipzig und Hamburg, schossen die sogenannten „sittlichen" Wochenschriften unter den verschiedenartigsten Titeln) wie Pilze hervor, und eine Zusammenstellung derselben in Gottsched's Neuestem aus der anmuthigen Gelehrsamkeit (11, S. 829) zählt einschließlich der Uebersetzungen während des Zeitraums von 1713—1761 nicht weniger als 182 auf, wovon über ein Drittel auf die beiden genannten Orte kommt.**) Wir brauchen bloß auf Schwabe's Belustigungen des Verstandes und Witzes und auf die Bremischen Beiträge hinzuweisen, welche nach Koberstein's Worten „den Uebergang von den moralischen Wochenschriften zu der sich freier und selbständiger entwickelnden schönen Literatur vermittelten", um die Bedeutung dieser Gattung in ihrem vollen Lichte erscheinen zu lassen. Nur den Umstand glauben wir ausdrücklich erwähnen zu müssen, daß in diesen Wochenschriften besondere Rücksicht auch auf die Frauen genommen und ihnen das Lesen englischer Schriftsteller (doch wol nicht bloß in Uebersetzungen) anempfohlen wurde. Wir bekommen eine hohe Meinung von der damaligen Frauenbildung, wenn wir unter den zu diesem Zwecke namhaft gemachten Werken, außer dem Spectator und Guardian selbst, Locke's Gedanken über Er-

---

gewissermaßen gegen sich selbst ins Feld geführt wurde, und wie die Schweizer so zu sagen von der schlecht verstandenen englischen Poesie an die besser zu verstehende appellirten.

*) Z. B. Der Vernünftler, Die lustige Fama, Der Patriot, Der Druide, Der deutsche Sokrates u. s. w. Der letzte Ausläufer war Cramer's Nordischer Aufseher.

**) Koberstein 925. 1020 ff.

ziehung, Pope's Lockenraub, Addison's Cato, die Jahres=
zeiten, das Verlorene Paradies, Shaftesbury's Charakteri=
stiken, Pope's Versuch über den Menschen, Tillotson's Pre=
digten u. a. aufgeführt finden. Was wird eine spätere Zeit
von der englischen Lectüre unserer heutigen Frauen sagen? —
Bodmer's Uebersetzung des Verlorenen Paradieses haben wir
bereits erwähnt. Später machte er sich auch an eine Ueber=
tragung des Hudibras, wie der Pope'schen Dunciade, und
die letzten Früchte seiner englischen Studien waren seine alt=
englischen Balladen (1780—81), welche er, laut der Vor=
rede, „im Sylbenmaße der altschwäbischen Minnesinger"
wiedergab. Sie standen mit seinen Arbeiten über unsere
eigene alte Poesie (altschwäbische Balladen, Minnesinger,
Nibelungen) in engster Verbindung, wie sich anderseits
seine Kritische Abhandlung von dem Wunderbaren in der
Poesie und seine Kritischen Betrachtungen über die Poetischen
Gemälde der Dichter an Milton anschlossen. Allein nicht
nur für seine Person empfing Bodmer so mannichfache An=
regung und Förderung von den Engländern, sondern er
führte auch seine jüngern Freunde Klopstock, den nachmaligen
Freund Young's und Richardson's, und Wieland, den ersten
Shakespeare=Uebersetzer, auf das Studium der englischen
Poesie hin.

Die eben genannten Namen Young und Richardson
leiten uns zu zwei weiteren literarischen Richtungen hinüber,
welche gleichfalls um die Mitte des vorigen Jahrhunderts
nach Deutschland verpflanzt wurden und hier einen ungemein
fruchtbaren Boden fanden, die Nachtgedanken=Poesie und der
Familien=Roman. Dr. Young's Nachtgedanken wurden in
wiederholten Ausgaben von Ebert*) der deutschen Lesewelt
zugänglich gemacht und erfreuten sich namentlich im Klop=

---

*) Ebert übersetzte u. a. auch Glover's Leonidas.

stock'schen Kreise der begeistertsten Aufnahme. Klopstock richtete eine Ode an Young (1752) und bezeichnete in seiner Abhandlung „Von der heiligen Poesie" (1755) die Nachtgedanken „vielleicht als das einzige Werk der höheren Poesie, welches gar keine Fehler zu haben verdiente". Cramer verstieg sich noch höher; er erklärte im Nordischen Aufseher (St. 13. S. 161.) Young für ein Genie, das nicht allein weit über einen Milton erhaben sei, sondern auch unter den Menschen am nächsten an den Geist Davids und der Propheten grenze. Nach der Offenbarung kenne er fast kein Buch, welches er mehr liebe, welches die Kräfte seiner Seele auf eine edlere Art beschäftige, als Young's Nachtgedanken. Gegen Ende der fünfziger Jahre erscholl bei uns ein ganzer Chor von „Nachtgedankenmachern", wie Nicolai sie nennt. J. G. Jacobi bezeichnet sie als die Dichter von der traurigen Gestalt, die Sänger der Schwermuth, die Nachtwandler und schwarzen Propheten.*) Durch Young (wie früher durch Milton) wurde unsere Poesie auf biblische und religiöse Stoffe gelenkt, zugleich aber auch mit Empfindsamkeit und Schwärmerei gefüllt, bis sich der nüchterne Nicolai in den Literaturbriefen dagegen erhob und die aus diesem Einflusse hervorgegangene Poesie geradeswegs als die „affektirte Scheinheiligkeit" verdammte. In Mauvillon's und Unzer's Briefen über den Werth einiger deutschen Dichter (I, 308. II, 3.) wird auch Gellert und seine Schule der Mitschuld an dem Beifalle angeklagt, welchen diese „nächtliche, übermenschlichmelancholische" Poesie allenthalben unter uns fand. Erst Herder erhob sich zu einem unbefangenen, wenngleich strengen, Urtheil über Young.**)

Die Verpflanzung der englischen Familien-Romane nach

---

*) J. G. Jacobi's Sämmtliche Werke. Zürich 1807. I, 114—124.
**) Zur schönen Literatur und Kunst VII, 373.

Deutschland begann mit der Verdeutschung von Fielding's Joseph Andrews (wahrscheinlich schon 1746). Einige Jahre später folgten sein Tom Jones und Amalie. Bei weitem größere Begeisterung als Fielding erweckte jedoch Richardson, der namentlich in der Frauenwelt unendlichen Anhang fand. Als Vertreterin seiner deutschen Leserinnen mag Meta Klopstock gelten, welche in einen englischen Briefwechsel mit ihm trat.*) Die besten Schriftsteller der Nation, wie Michaelis, Haller, Rosegarten, Bode und Gellert, wetteiferten mit einander in der Uebertragung seiner Romane. Namentlich Gellert empfahl Richardson als Sittenlehrer und pries besonders Clarissa und Grandison als Mittel zur Vermehrung der Tugend. „Ich habe ehedem," sagt er, „über dem 7. Theil der Clarissa und dem 5. des Grandison mit einer Art von süßer Wehmuth einige der merkwürdigsten Stunden für mein Herz verweinet; dafür danke ich dir noch jetzt, Richardson." Sein Leben der schwedischen Gräfin war eine Frucht dieser süßen, durch die Pamela erzeugten Begeisterung. Anderweitige Nachahmungen blieben nicht aus. Danzel bemerkt sehr richtig, daß durch Richardson auch für uns das moderne Familienleben entdeckt wurde; auch unser bürgerliches Familiendrama empfing daher seine Anregung. Selbst Lessing schätzte Richardson hoch und übersetzte seine „Sittenlehre für die Jugend in den auserlesensten äsopischen Fabeln"; Miß Sara Sampson zeigt unverkennbare Verwandtschaft mit der Clarissa. Diese Hochschätzung war es auch, welche Lessing mit Unwillen über die schlechten englischen Nachtreter und die schlechten deutschen Uebersetzer erfüllte. „Ist es erlaubt, so macht er seinem Zorne einmal Luft, weil Richardson und Fielding ein gutes Vorurtheil für die englischen Romane erweckt haben, daß man uns allen Schund aus dieser Sprache

---

*) Vollständig abgedruckt in meiner Atlantis I, 27 ff. und 44 ff.

aufzubrängen sucht?"*) Dem Richardson'schen Romane wurde in Deutschland die Spitze abgebrochen durch Musäus, welcher in seinem Grandison dem Zweiten (1760—62) die thörichten Vergötterer desselben verspottete und der Schwärmerei für Richardson ein Ende machte.

Allein die Schwärmerei für die englische Literatur war eine Hydra; statt des von Musäus ihr abgeschlagenen Kopfes wuchs sofort ein anderer. An Richardson's Stelle wurde Sterne auf den Thron erhoben. Er wurde der Vater unserer Humoristik und blieb u. a. auch auf Wieland nicht ohne Einfluß. Tristram Shandy und die empfindsame Reise wurden vielfältig übersetzt und vielfältig nachgeahmt; als hauptsächlichsten Uebersetzer brauchen wir nur Bode, als Nachahmer Hermes, den Verfasser von Sophiens Reise, zu nennen. Einer der beredtesten Apostel Sterne's war Joh. Georg Jacobi, dessen Winterreise (1769) und Sommerreise sich ganz unzweideutig an Sterne anlehnten. Aus der erstern hat er in der letzten Ausgabe seiner Werke alles ausgestrichen, „was von weitem einer Empfindelei ähnlich sah"; die letztere hat er gar nicht darin aufgenommen. Durch ihn kamen auch die Lorenzo-Dosen in die Mode, die ihm und seinen Freunden ein „heiliges Ordenszeichen" sein sollten und sich nicht nur über ganz Deutschland, sondern auch über Dänemark und die Ostseeprovinzen verbreiteten. Die Damen stellten sie Nachts auf ihren Nachttisch.**) Auch der aus Göthe bekannte excentrische Leuchsenring ging um 1770 damit um, einen geheimen Orden der Empfindsamkeit zu stiften, und im Jahre 1775 schrieb Ramler, ein jeder wolle jetzt scherzen wie Sterne. „Viele von unseren pragmatischen Roman-

---

*) Lachmann's Ausgabe V, 40.

**) Joh. Georg Jacobi's Sämmtliche Werke. Zürich 1807 folgg. Bd. I, 106—113.

schreibern,"*) sagt Koberstein (II, 1623 ff.), „sahen in Sterne ihr höchstes Muster, kamen jedoch größtentheils mit ihren Leistungen dem Meisterwerke Sterne's nicht viel näher, als die allermeisten Originalgenies mit den ihrigen den dramatischen Schöpfungen Shakespeare's."

Einer neuen Richtung dagegen begegnen wir in Thomson's Jahreszeiten, welche, obwohl bereits 1726—28 erschienen, doch erst seit dem Ende der vierziger Jahre ihre Wirkungen auf Deutschland zu äußern anfingen, nachdem sie 1745 zuerst von Brockes übersetzt worden waren. Durch sie kam die poetische Malerei bei uns auf, welche besonders in Brockes, Haller, Klopstock, Geßner (der 1760 auch Collins' Eklogen übersetzte) und in Kleist, dem Dichter des Frühlings, ihre Vertreter fand. Die Schweizer erhoben die poetische Malerei zum Zwecke der Poesie, und auch Wieland und Lessing huldigten der Thomson'schen Poesie im Beginne ihrer schriftstellerischen Laufbahnen, bis der letztere im Laokoon der poetischen Malerei, um Stahr's Ausdruck zu gebrauchen, „den Garaus machte". Außer diesen Dichtern ersten Ranges traten aber auch zahlreiche geringere in Thomson's Fußtapfen und die Zeit von 1750—1780 bietet uns ein wahres Füllhorn von Frühlingsempfindungen, moralischen Herbstbetrachtungen, ländlichen Kleinmalereien jeder Art, Lob des Landlebens, Jahres- und Tageszeiten und Schäfergedichten dar. Sogar jüdische Schäfergedichte (von G. A. v. Breitenbauch, 1765) fehlen nicht.**)

Von nicht minder bedeutender und nachhaltiger Wirkung, obwohl von ganz entgegengesetztem Charakter, war der Ossianismus. Bereits 1764 erschien eine Uebersetzung des Fingal

---

*) Koberstein nennt Nicolai, Wezel, Musäus, Hippel, Joh. Gottw. Müller und Knigge.

**) Gödeke I, 584 f. Stahr, Lessing I, 242 f. Koberstein, 1256 f.

zu Hamburg, welcher noch in demselben Jahre die „Frag=
mente der alten hochschottländischen Dichtkunst" folgten. Die
riesenhaften Nebelgestalten bezauberten nicht nur unsere großen und kleinen Dichter, — wer erinnert sich nicht der Bruchstücke im Werther? — sondern gaben auch den Anstoß zu
literargeschichtlichen und ästhetisch = kritischen Untersuchungen
über Ossian selbst, als einen angeblich jenseit der Grenze
der Civilisation gelegenen Dichter, über die Barden und über
alte Volkspoesie. Namentlich wurde Blair's Kritische Abhandlung über die Gedichte Ossian's für die ästhetischen Studien unserer Dichter, insbesondere Herder's, außerordentlich
fruchtbar. Man stellte Ossian über Homer, und sogar Voß,
aus dessen Munde man es am wenigsten erwarten sollte,
schrieb 1775: „Der Schotte Ossian ist ein größerer Dichter,
als der Jonier Homer!" Uebrigens wurde auch für das
Verständniß und die Würdigung des letztern durch Wood's
Versuch über das Originalgenie Homer's auch in Deutschland ein bedeutender Fortschritt herbeigeführt. Man sah in
Ossian einen Stammesverwandten, ja für Klopstock galt er
als „deutscher Abkunft, weil er ein Kaledonier war". Ihm
verdankte unsere Barden= und Skaldenpoesie ihren Ursprung,
die freilich bald in Künstelei und Unnatur ausartete. Michael
Denis war zugleich Uebersetzer des Ossian und Anführer
unseres Bardenchores. Das Gute wenigstens kann man dem
deutschen Bardenthum nicht absprechen, daß es wesentlich dazu
beitrug, unser politisches und nationales Bewußtsein wachzu-
rufen. In dieser Wirkung wurde es von einem zweiten englischen Factor unterstützt, nämlich von der altenglischen Balladenpoesie. Schon 1747 hatte Hagedorn im Vorbericht zu
seinen Oden und Liedern auf dieselben rühmend hingewiesen;
einige derselben, wie Chevy Chase, auf das er durch den
Spectator aufmerksam geworden war, seien unvergleichlich.
Dadurch war der Boden für Percy's Reliques vorbereitet,

welche sofort nach ihrem Erscheinen (1765) den zündenden Funken in den Göttinger Dichterbund warfen. Prutz hat in seinem Göttinger Dichterbunde nachgewiesen, wie gerade Göttingen in besonders engen Beziehungen zu England stand. Die neuen Erscheinungen der englischen Literatur kamen am frühzeitigsten und reichhaltigsten der Göttinger Bibliothek zu, deren musterhafte Einrichtung das Studium derselben wesentlich beförderte. Die 1739 begründeten Göttinger Gelehrten Anzeigen verfolgten namentlich auch den Zweck, die neuen Erwerbungen der Göttinger Bibliothek — auch die englischen — durch Anzeigen, Kritiken und Auszüge dem übrigen Deutschland bekannt zu machen. Als nun die vornehme Verachtung alles nicht-gelehrten Wesens, besonders aller Schöngeisterei, welche in Göttingen zu Hause war, nothwendiger Weise gerade hier eine starke Gegenwirkung unter der Jugend hervorrief, fand diese in den Ueberresten der englischen Volkspoesie das Räthselwort ihres eigenen Dichtens und Trachtens ausgesprochen. Boie übersetzte aus dem Englischen und führte seine jüngeren Freunde zur englischen Literatur hin. Volksdichtung ward nun die Losung. Die von Percy gehobenen Schätze wurden studirt, übersetzt und nachgeahmt. Man ging aber weiter; man sah sich nach dem Volksgesange anderer Völker und zuletzt auch nach dem des eigenen um; man sammelte, übertrug, frischte auf und dichtete eigenes im Volkstone. Wir erinnern nur an Eschenburg, Ursinus, Elwert, (Ungedruckte Reste alten Gesanges), Gräter's Bragur u. a. Obenan in dieser Hinsicht stehen Bürger und Herder, der, obwohl kein Göttinger, mit Bürger in regem Verkehr stand. Wir glauben kaum zu viel zu sagen, wenn wir behaupten, daß wir ohne Percy keinen Bürger gehabt hätten.*) Bezüg-

---

*) Vergl. Bürger's „Herzensausguß über Volkspoesie", welcher mit dem sehnlichen Verlangen nach einem deutschen Percy schließt.

lich Herder's möge die Nennung seiner einschlagenden Aufsätze in den Werken zur schönen Literatur und Kunst (VII, 47 ff.), seiner Volkslieder (Stimmen der Völker) und seines Cid genügen. In ihm flossen die Einwirkungen Ossian's, Percy's und Shakespeare's zusammen, wobei selbstverständlich andere, nicht-englische Einwirkungen auf die Bildung seines umfassenden Geistes nicht in Abrede gestellt werden.

Die folgenschwerste Einwirkung jedoch von allen, welche die englische Literatur auf die unsrige ausgeübt hat, begann vor den sechsziger Jahren. Es war der durch Lessing erkämpfte Sieg der englischen dramatischen Dichtung über die französische, der Triumph Shakespeare's über das Triumvirat Voltaire, Corneille und Racine. Durch seine Miß Sara Sampson (1755) bürgerte Lessing das auf englischem Boden erwachsene bürgerliche Trauerspiel in unserer Literatur ein; den Stoff dazu hatte ihm, wie erwähnt, Richardson's Clarissa, die Form Lillo's Kaufmann von London (1731) an die Hand gegeben. Seinem Beispiele folgten bald eine große Zahl geringerer Dichter und Uebersetzer, auf welche die Freiheit der englischen Bühne einen großen Reiz übte, nachdem man die französisch-aristotelischen Bande glücklich abgestreift hatte. Nicht nur wurden in der zweiten Hälfte des vorigen Jahrhunderts viele einzelne Stücke Shakespeare's übersetzt und bearbeitet,*) sondern auch andere englische Dramatiker (Vanbrugh, Farquhar, Colman, Cibber, Steele,

---

*) Othello von Schmid (1769), Cymbeline von Sulzer (1772), Die lustigen Abenteuer an der Wien von Pelzel (1773), die Irrungen von Großmann (1777), Macbeth, Der Kaufmann von Venedig, Die bezähmte Widerbellerin von Schink (1783), Julius Cäsar von Dalberg (1785), Die lustigen Weiber von Römer (1795), Antonius und Cleopatra von Horn (1796), Gerechtigkeit und Rache (Measure for Measure) von Brömel (1784), Gideon von Tromberg (Die lustigen Weiber) von Brömel (1793) u. s. w. S. Göbeke Grundriß II, 549 und 1048.

Dryden, Lillo, Otway, Young, Congreve, Cumberland, Goldsmith, Home u. A.) bei unserer Lesewelt und auf unserer Bühne in Einzelübersetzungen wie in Sammelwerken eingeführt.*) Eine besonders hervorragende Rolle spielte der Hamlet. Durch ihn hauptsächlich hat sich Shakespeare in unserer Literatur Bahn gebrochen, und wie ein Robinson'sches, Sterne'sches und Ossianisches, so hat dieselbe auch ein Hamlet'sches Stadium zu durchlaufen gehabt. Wir haben bereits bei der Vergleichung mit Milton die Bahn bezeichnet, welche Shakespeare in Deutschland genommen hat. Sein Einfluß war nicht wie der Milton's oder der Essayisten eine bloße vorübergehende Phase, sondern er ist seitdem unzertrennlich mit unserer Literatur und unserer Bühne verknüpft und hat ihre Schicksale wie einer der Unsrigen getheilt.**)

Das Mindeste war, daß man englische Stoffe bearbeitete. Nicht minder massenhaft wurde aus dem Französischen, Italienischen und Spanischen übersetzt, und unser Theater war der Herd des krassesten Eklekticismus und Weltbürgerthums. Die wirklich selbständigen Dichter sahen sich genöthigt, ihre Stücke nicht nur als „vaterländische", sondern als „Original-Schauspiele" und „Original-Lustspiele" zu kennzeichnen, Benennungen, die sich unseres Wissens in keiner andern Literatur wiederfinden, weil sie in keiner andern nöthig sind. Wenn wir alle Umstände erwägen, so war der eng-

---

*) Zu den letzteren gehören z. B. Neue Probestücke der englischen Schaubühne (Basel, 1758); Das englische Theater von Chr. H. Schmid, 1769—77; Das britische Theater, für die Mannheimer Bühne bearbeitet von Dalberg, 1786; die Bearbeitungen von F. L. Schröder u. A.

**) S. Stahr, Shakespeare in Deutschland in Prutz' Literar-historischem Taschenbuch. 1843. 1—89. — Koberstein, Shakespeare's allmähliches Bekanntwerden in Deutschland, in seinen Vermischten Aufsätzen. Leipzig, 1858. S. 163—221. — Shakespeare's Hamlet, herausgegeben v. Elze. p. XLIII—LVI.

lische Einfluß doch der am tiefsten greifende und zugleich am
wenigsten nachtheilige. Im Gegentheil strömte er in diesem
Meere tausendfach sich kreuzender Wogen wie ein warmer
Golfstrom zu uns herüber und fachte in unserer dramatischen
Poesie einen freieren männlichen Geist, ein bewußteres Nach-
denken und eine reinere und natürlichere Sprache an.

Auch auf Lessing's Reform der Kritik und Kunstlehre
hatten nächst den Alten die Engländer den größten Einfluß.*)
Der von Gottsched wie von Breitinger aufgestellte oberste
Grundsatz der Kunstlehre, daß sämmtliche Künste in der ge-
schickten Nachahmung der Natur beständen, war schon von
J. E. Schlegel näher untersucht und beschränkt worden und
wurde von Batteux (1713 — 1780) dahin ausgebildet, daß
nicht die Nachahmung der Natur schlechthin, sondern die
Nachahmung der schönen Natur das Wesen der Kunst aus-
mache, ohne daß Batteux jedoch eine feste Grundlage für
den Begriff des Schönen aufzufinden vermochte. Batteux's
Theorie wurde bei uns hauptsächlich durch die Bearbeitungen
von J. A. Schlegel und Ramler bekannt; der erstere benutzte
seine Uebersetzung eigenthümlicher Weise, um in den Anmerkungen und Anhängen Batteux zu bekämpfen. Klopstock,
Schlegel's naher Geistesverwandter, setzte den letzten End-
zweck der höhern Poesie und zugleich das wahre Kennzeichen
ihres Werthes in die moralische Schönheit, eine Ansicht, bei
der sich die englische Einwirkung unmöglich verkennen läßt.
Dem Batteux trat Al. Gottl. Baumgarten (1714 — 1762)
mit seiner auf die Wolff'sche Philosophie gegründeten
Aesthetik gegenüber, ohne jedoch die Oberhand gewinnen zu
können. Nach ihm besteht die Schönheit in der Vollkommen-
heit der sinnlichen Erkenntniß. Moses Mendelssohn war es,

---

*) Das Folgende entlehnen wir aus Koberstein, 1244—1251.

welcher bei seinem Bestreben, die Locke'sche Erfahrungsphilo-
sophie mit der Wolff'schen zu vermitteln, auch die Baumgarten'sche Aesthetik zu größerer Klarheit entwickelte. Die
durch ihn eingeleitete Einwirkung der englischen Aesthetiker,
namentlich Shaftesbury's (1671 — 1713) und Burke's *)
(1730 — 1797), — Pope's Essay über Kritik war bereits
1739 übersetzt worden — erhielt dann in den sechsziger
Jahren den bedeutendsten Nachdruck durch Meinhard's treffliche Uebersetzung von Home's (1696 — 1782) Grundsätzen
der Kritik, die später von Garve und Engel neu herausgegeben wurde. Auf so vorbereitetem Boden erwuchsen endlich
Lessing's und Herder's kritische Werke, die alles Vorange-
gangene beseitigten und einen völligen Umschwung in unserer
Kritik und Kunstlehre hervorbrachten.

Hier wäre der Ort, auf die wissenschaftlichen Einwirkungen überzugehen, wenn es überhaupt thunlich wäre, das
weite Gebiet der Wissenschaft in unsern engen Rahmen zu
zwängen. Wir würden namentlich in der Philosophie und
Theologie einen regen und mannichfaltigen Zusammenhang
finden und wollen dessen zum Beweise nur mit Einem
Worte an den Deismus erinnern.**) Statt dessen möge

---

*) Lessing hatte sich vorgenommen, den Burke zu übersetzen und
zu commentiren, gelangte aber nicht dazu.

**) Schlosser, Geschichte des 18. Jahrhunderts (Heidelberg, 1836)
1, 396 ff. — Hettner, Literaturgeschichte des 18. Jahrhunderts, I,
140 ff. — Toland stand in engster Verbindung mit Leibnitz und der
Königin Sophie Charlotte. Ein schlagendes Beispiel von der Ausdehnung der englischen Einflüsse ist, daß sie selbst Lessing's Vater in
seiner Kamenzer Abgeschiedenheit erreichten. Nach Danzel, Lessing I,
10—12 beabsichtigte er eine Sammlung der besten antipapistischen Streit-
schriften der englischen Theologen in Uebersetzungen herauszugeben und
machte wirklich den Anfang mit Tillotson's Glaubensregel.

eines andern Gegenstandes Erwähnung geschehen, der, obwohl von viel geringerem Belange für das geistige Leben der Nation, uns doch ein außerordentlich deutliches Bild von den unausgesetzten Verbindungen gewährt und zugleich auf das eigentliche Sprachstudium zurückführt, von welchem wir ausgegangen sind. Das sind die dem internationalen Sprach- und Literatur-Verkehr gewidmeten Zeitschriften, die sich seit dem letzten Jahrzehnt des vorigen Jahrhunderts in einer nur durch die Befreiungskriege unterbrochenen Kette bis auf den heutigen Tag fortgesetzt haben. Das Verdienst, den ersten Schritt auf dieser Bahn gethan zu haben, gebührt merkwürdiger Weise den Franzosen. Im Jahre 1727 war bekanntlich Voltaire genöthigt worden, eine Zuflucht in England zu suchen, und nicht wenige seiner Landsleute theilten ein ähnliches Schicksal und benutzten ihre zeitweilige Verbannung zum Studium der englischen Sprache und Literatur. Darunter befand sich der Abbé Prévost, welcher in seiner Zeitschrift Le Pour et le Contre (1733 — 1740) Analysen, Kritiken und auszugsweise Uebersetzungen der gelesensten englischen Schriftsteller (auch Shakespeare's) mit einer für einen Franzosen seltenen Unparteilichkeit lieferte und dadurch bei seinen Landsleuten die Bekanntschaft mit der englischen Literatur wesentlich beförderte.*) Es ist jedoch kaum glaublich, daß sein Blatt den Anstoß zu den deutsch-englischen Zeitschriften gegeben haben sollte, vielmehr scheinen diese durch-

---

*) Prévost nahm ein fürchterliches Ende; er war scheintodt und erwachte unter dem Messer des secirenden Arztes, leider zu spät! Siehe Biographie Universelle. Lacroix, Histoire de l'Influence de Shakespeare sur le théatre Français p. 213. Die von Lacroix (p. 346) mit großem Lobe citirte Abhandlung von Rathery 'Les Relations intellectuelles et sociales de la France et l'Angleterre' in der Revue Contemporaine von 1856 haben wir nicht erlangen können.

aus unabhängig und selbständig entstanden zu sein. Ihr Zweck war verschiedener Art; theils waren sie bestrebt, die Jugend und die Liebhaber der englischen Sprache mit mobischem Lern- und Lesestoff zu versorgen; theils wollten sie unsere Lesewelt mit den neuesten Erscheinungen der englischen Literatur bekannt machen und über den Gang derselben gewissermaßen Tagebuch führen, theils endlich eine genauere Kenntniß des englischen und in neuester Zeit auch des amerikanischen Lebens in Staat, Kirche, Gemeinde und Familie unter uns verbreiten. Sie waren demnach theilweise in englischer Sprache geschrieben und gingen bald von Engländern, die in Deutschland ansässig geworden, bald von Deutschen, die sich längere Zeit in England aufgehalten hatten, aus. Fast alle hatten sie übrigens das Mißgeschick, nur ein kurzes Dasein zu fristen und daher bald der Verschollenheit anheimzufallen. Zwei Ursachen für diese Erscheinung glauben wir darin zu finden, einmal daß fast sämmtliche Blätter zwischen Wissenschaftlichkeit und bloßer Unterhaltung hindurchzusteuern suchten und daher weder die Gelehrten, noch die Vergnügungsleser recht befriedigten, und zweitens, daß ein großer Theil derselben in kleineren Städten und nicht in den großen literarischen Mittelpunkten erschien, und daß ihnen daher hinsichtlich des buchhändlerischen Vertriebes nicht immer der erforderliche Nachdruck gegeben werden konnte. Eine streng wissenschaftliche Zeitschrift, welche sich ausschließlich der englischen Sprache und Literatur gewidmet hätte, hat Deutschland noch nicht hervorgebracht, während dagegen z. B. Erman's Archiv für wissenschaftliche Kunde von Rußland seit 1841 in ununterbrochener Folge besteht, und Wolffsohn's Russische Revue soeben einen neuen Aufschwung genommen hat. Ob diese auffallende Thatsache sich bezüglich der erstgenannten Zeitschrift durch Regierungs-Unterstützung erklärt, wissen wir nicht zu sagen. In den dem Gesammtgebiet der neueren

Sprachen dienenden Zeitschriften muß die englische Philologie theilweise der romanischen nachstehen.*)

Werfen wir unsere Blicke zurück auf den Weg, dessen Meilensteine und Wegweiser wir so zu sagen im Bisherigen verzeichnet haben, und erwägen wir, daß diesen ununter-

---

*) Wir glauben dem Leser einen Dienst zu erweisen, wenn wir hier die deutsch-englischen Zeitschriften in chronologischer Folge zusammenstellen:
1. Eschenburg, Britisches Museum f. d. Deutschen. Leipzig, 1777—81.
2. Archenholz, The British Mercury, um 1792 (ob identisch mit desselben The British Museum?).
3. Schubert, Englische Blätter. Erlangen, 1794.
4. The English Instructor in Knowledge and Pleasure. Würzburg, 1795.
5. London und Paris. Weimar, 1798.
6. J. C. Hüttner, Englische Miscellen. Tübingen, 1800—03.
7. J. Meyer, British Chronicle, a Universal Review of British Literature etc. Gotha, 1826—28.
8. Rivinus, Atlantis, Journal des Neuesten und Wissenswürdigsten aus dem Gebiete der Politik, Geschichte, Geographie, Statistik, Kulturgeschichte und Literatur der nord- und südamerikanischen Reiche u. s. w. Leipzig, 1826—27.
9. Wurm, The Gleaner, or Specimens of the Periodical Literature of Great-Britain and America. Hamburg, 1828—30.
10. J. P. Carry, The Garland, a Literary Journal. Dresden, 1829—30.
11. E. W. P. Sinnett, The Hamburg Reporter and Gleaner. Hamburg, 1831—34.
12. Monthly Magazine of Entertaining Literature. Leipzig, 1834—38.
13. Albion, a Weekly Chronicle of Literature, Science and the Fine Arts. Stuttgart, 1835.
14. O. L. B. Wolff und C. Schütz, The British Museum. Bielefeld, 1836—41.
15. Moriarty, The German Examiner and Continental Advertiser. Leipzig 1840—41.
16. The German and Continental Examiner, a Journal for Lovers of the English Language and Literature. Leipzig, 1841—1843. (Der dritte Jahrgang erschien in deutscher Sprache.)

brochenen englischen Einflüssen kaum geringere französische, italienische u. a. zur Seite gingen, so möchten wir unsere Literaturgeschichte mit Göthe ausrufen lassen:

> Was ist denn an dem ganzen Wicht
> Original zu nennen.

Schon Herder*) sagt, der poetische Himmel Britanniens habe ihn erschreckt. „Wo sind, ruft er aus, unsere Shakespeare, unsere Swifts, Addisons, Fieldings, Sterne? Wo ist jene Menge von Edlen, die vorangingen oder wenigstens mit am Werk waren? — Wir wachten auf, da es allenthalben Mittag war, und bei einigen Nationen sich gar schon die Sonne neigte. Kurz, wir kamen zu spät. Und weil wir zu spät kamen, ahmten wir nach: denn wir fanden viel Vortreffliches nachzuahmen. Franzosen, Spaniern, Italienern, Britten, selbst Holländern ahmten wir nach, und wußten nie recht, wozu und weswegen? Unser verdienter Opitz war mehr Uebersetzer als Dichter. In Weckherlin u. a. ist der größeste Theil frembes Gut. So sind wir fortgeschritten; und wer ahmt uns nach? Wenn in Italien die Muse singend conversirt, wenn sie in Frankreich artig erzählt und vernünftelt, wenn sie in Spanien ritterlich imaginirt, in England scharf und tiefsinnig denket, was thut sie in Deutschland? Sie ahmt nach. Nachahmung wäre also ihr Charakter, eben weil sie zu spät kam. Die Originalformen

---

17. The Literary Miscellany for English Readers abroad and at home. Nürnberg, 1848.
18. Whitling, The Literary Miscellany for English Readers abroad and at home. Erlangen, 1849.
19. Elze, Atlantis, Zeitschrift für Leben und Literatur in England und Amerika. Dessau, 1853—54.
20. Atlantische Studien. Göttingen, 1853—56.
21. The Family Magazine. Stuttgart, 1854—55.

*) Zur schönen Literatur und Kunst VII, 380 ff.

waren alle verbraucht und vergeben." — So schreibt Herder. Wir werden gleich sehen, daß und warum er dessenungeachtet nicht an unserer Literatur verzweifelte.

Unseres Bedünkens hat die Sache auch eine politische Seite. Die deutsche Literatur hat sich stets an eine fremde angelehnt, weil es ihr an einer in sich geschlossenen, selbstgenügsamen Nationalität gefehlt hat. Gerade wie bei Individuen die entschiedensten und kraftvollsten Charaktere auf die Charakterschwachen den größten Einfluß haben, so haben auf die kosmopolitische deutsche Literatur die Literaturen derjenigen Nationen am meisten eingewirkt, welche die ausgeprägteste Nationalität besitzen, vor allen die der Engländer und Franzosen. Die Deutschen sind noch immer kein gleichberechtigtes und gleichkräftiges Volksindividuum neben anderen Volksindividuen. Zwar wird uns und unserer Literatur von manchen Seiten als Verdienst angerechnet, daß wir dem über die Nationalitäten erhabenen Weltbürgerthum bewußt und unbewußt so eifrig dienen. Allein es scheint thöricht, dem Weltbürgerthum zu huldigen, so lange sich nicht alle Nationen entschließen, ihre Individualitäten in das Menschheits=Individuum aufgehen zu lassen, und unser Kosmopolitismus dient nur zu oft als ein Schönpflaster, um die Flecken und Runzeln unserer mangelhaften Nationalität zu verdecken. Die Zeiten eines Menschheits=Individuums mögen vielleicht einst kommen, allein für jetzt erfreuen sich nur diejenigen Völker einer Achtung gebietenden Stellung, wie eines glücklichen, selbstzufriedenen Daseins, welche eine wirkliche, abgeschlossene Nationalität in sich ausgebildet haben. So oft die deutsche Literatur einen Anlauf zur Nationalität genommen hat, sind auch die fremden Einwirkungen geringer gewesen; das waren die Zeiten des Purismus, der Bearbeitung einheimischer Stoffe, des Zurückgehens auf die eigene Vergangenheit. Es ist keine Frage, daß seit dem klassischen Zeitalter unserer Literatur unser Nationalgefühl nicht bloß in der Literatur wesentlich und hoffentlich bleibend erstarkt ist, und daß wir in einem stetigen Fortschreiten auf dieser Bahn begriffen sind. Allerdings ist auch im gegenwärtigen Jahrhundert unsere Literatur keineswegs frei von englischen und anderen Einwirkungen geblieben, wie beispielsweise der von Scott begründete historische Roman und der Roman des amerikanischen Westens beweisen, um vom Byronismus, von Shelley, den Bulwer'schen und Dickens'schen Romanen u. a. zu schweigen. Allein, wenn wir uns nicht über uns selbst täuschen, so verhalten wir uns diesen Einwirkungen gegenüber jetzt freier, selbstbewußter, mit Einem Worte nationaler als früher. Unsere Literatur ist nicht mehr eine Wetterfahne, welche sich vor jedem poetischen Windstoß aus England knarrend bewegt. Herder hat das vorausgesehen und sich mit diesem Vorgefühl über das Nachahmungsfieber getröstet. „Wahr ist's," so fährt er in seinen Betrachtungen fort, „wir kamen spät; desto jünger aber sind wir. Wir haben noch viel zu thun, indeß Andere ruhn, weil sie das Ihrige geleistet haben. — Wenn wir von allen Völkern ihr Bestes uns eigen machten; so wären wir unter ihnen das, was der Mensch gegen alle die Neben- und Mitgeschöpfe ist, von denen er Künste gelernt hat. Er kam zuletzt, sah jedem seine Art ab, und übertrifft oder regiert sie alle. — Die Ananas, die tausend feine Gewürze in ihrem Geschmack vereint, trägt nicht umsonst eine Krone." Herder hält dann eine Musterung über die Anfänge zum Bessern, über die Vorläufer und Bahnbrecher des nationalern Charakters unserer Literatur. Gerade die englischen Einflüsse aber sind es gewesen, welche diese nationale Kräftigung in uns gefördert haben. Von Anfang an waren sie stammverwandt und naturwüchsig. Von der natürlichen Verbindung der beiden Völker mit einander ausgehend, haben sie auf den

Charakter unserer Sprache, unserer Literatur und unseres Volkes überhaupt wenigstens keinen verderblichen, sehr häufig dagegen einen heilsamen Einfluß ausgeübt. Im geraden Gegensatze dazu hat der von den Höfen und dem Adel aus in's Volk eingedrungene französische Einfluß unsere Literatur in ihrer Entwickelung gehemmt, unsere Sprache verunreinigt und entstellt und auf den Charakter unseres Volkes entsittlichend gewirkt. Alle ächten Deutschen haben sich daher gegen die Gallomanie erhoben, die Satyriker haben sie mit ihrem Spotte gegeißelt, die Patrioten haben sich schmerzerfüllt dagegen empört, bis die Abschüttelung des verhaßten Joches gelang. Die Gallomanie, nicht die Anglomanie ist es gewesen, welche die Deutschthümelei erzeugt hat. Kein Patriot hat sich genöthigt gesehen, die Anglomanie wie die Gallomanie auf Tod und Leben zu bekämpfen. Wir haben die englischen Einflüsse vielleicht auch deshalb gern ertragen, weil unsere politischen Verhältnisse zu England von jeher anderer Art waren, als zu Frankreich. England hat uns nie mit Krieg überzogen; es hat nie unsere Pfalzen mordbrennerisch verheert, nie unsere Grenzvesten durch Verrath und Gewalt an sich gerissen, nie unsere Fürstenhöfe durch seine Sendlinge beherrscht, bestochen und entsittlicht. Es hat nie unsere Sprache und Literatur in unserem eigenen Lande verhöhnt wie Voltaire, der sich erfrechen konnte, aus Potsdam triumphirend nach Paris zu berichten (1750): „Je me trouve ici en France. On ne parle que notre langue. L'Allemand est pour les soldats et pour les chevaux; il n'est nécessaire que pour la route." Wir haben im Gegentheil viel von den Engländern gelernt, nicht bloß für unsere Literatur; sie, unsere Stammes- und Geistesverwandten, haben uns geholfen, uns selbst wiederzufinden. Selbst ein großes organisches Volksganzes, haben sie uns Mittel und Wege gezeigt, uns gleichfalls zu einem solchen Ganzen herauszubilden. Wir haben jedoch nicht bloß von ihnen empfangen, wir haben ihnen auch gegeben. Unsere Sprache und Literatur hat in ganz anderem Maße auf sie eingewirkt, als auf die Franzosen, und es zieht sich namentlich durch ihre Literatur eine deutsche Strömung hindurch, welche in ihren Erscheinungen und Wirkungen zu verfolgen nicht minder anziehend und lehrreich ist, als am englischen Ariadnefaden das Labyrinth der unsrigen zu durchwandern. Was z. B. Shakespeare anlangt, so gestehen seine Landsleute selbst mit neidloser Offenheit ein, daß für die Würdigung und das ästhetische Verständniß desselben von deutscher Seite mehr und Größeres geleistet worden ist, als von englischer. Das Bewußtsein dieser ununterbrochenen und lebendigen Wechselwirkung muß auch den starrsten Patrioten mit den fortdauernden Einflüssen Englands auf unsere Sprache und Literatur wie mit der fast leidenschaftlichen Pflege aussöhnen, welche der englischen Sprache und Literatur fortwährend bei uns gewidmet wird.

II.

Lage und Aufgabe.

Die englische Sprache ist die Sprache des Zeitgeistes. Die Gegenwart erblickt ihre Aufgabe nicht sowohl im Kultus der Schönheit, wie die Griechen, oder in der Huldigung des Idealismus, sie strebt vielmehr nach vernunftgemäßer Gestaltung aller Lebensverhältnisse, politischer, sozialer und intellektueller, sie arbeitet an der Ausbeutung aller dem Menschen gewährten natürlichen Hülfsquellen, wie an der praktischen Verwerthung aller von der Wissenschaft errungenen Ergebnisse. Von allen Sprachen bietet sich ihr daher keine als ein so naturgemäßes Organ dar, wie die englische, der sich nach Jacob Grimm's beredtem Zeugniß „an Reichthum, Vernunft und gedrängter Fuge keine aller noch lebenden Sprachen an die Seite setzen läßt."*) Sie ist recht eigentlich die Sprache des Realismus und geht in Amerika fast in die des Naturalismus über. Die englische Sprache trägt weniger als alle übrigen das Gepräge des Selbstzwecks, und mehr als alle übrigen das des Mittels. Sie hat den Ueberfluß der Partikeln über Bord geworfen, die Formenlehre auf das einfachste Maß zurückgeführt und den Styl aller Künstlichkeit entkleidet. Sie lernt sich leichter als irgend

---

*) Ueber den Ursprung der Sprache. Berlin, 1851. 33 f.

eine andere und vergißt sich schwerer als irgend eine andere; beides um so mehr, als sie von allen am meisten dem gesunden Menschenverstande und der allgemeinen Logik entspricht. Zum Beweise dieser letztern Behauptung erinnern wir nur an die Uebereinstimmung des sprachlichen Geschlechts mit dem natürlichen, an den Gebrauch beziehentlich Nichtgebrauch des Artikels, der im Englischen keineswegs als Geschlechtswort dient, sondern eine syntaktische Funktion erfüllt, an die Plurale der abstrakten Hauptwörter (many hundred soldiers lost their lives), an den Gebrauch des Comparativs bei einer Vergleichung zwischen zwei Objecten (the elder of my two brothers), an die strenge Wortstellung und anderes. Jenisch, seiner Zeit ein scharfsinniger Sprachkenner, sagt,*) man könne von der englischen Sprache beinahe rühmen, daß sie von einer Gesellschaft von Philosophen erfunden worden, welche sie von alle Dem entledigten, was Zufall und Eigensinn allen andern Sprachen angeheftet, unterdeß die griechischen Philosophen die Zuthaten des Eigensinns der Menschen und des Zufalls der Dinge zur Ausbildung der Feinheiten der Begriffe und Empfindungen benutzt zu haben scheinen. Heutzutage, wo die Entstehung, das Wachsthum und das ganze Leben der Sprache als ein sich nach natürlichen und geschichtlichen Gesetzen vollziehender Prozeß erkannt worden ist, nimmt sich diese Anschauungsweise von der Sprachbildung durch die Philosophen und von den Zuthaten des Eigensinnes und Zufalles in der Sprache sonderbar genug aus. Die Sache selbst bleibt jedoch richtig, wenngleich wir sie jetzt aus anderen Gründen erklären. Es bleibt richtig, was Jenisch (S. 384) gleichfalls hervorgehoben hat, daß „in der grammatikalischen Feinheit der Britte, bei aller grammatikalischen

---

*) Philosophisch-kritische Vergleichung und Würdigung von 14 älteren und neueren Sprachen Europens. Berlin, 1796. 331 ff.

Einfachheit seiner Sprache, obenan steht." Das Englische
hat durch die Vereinfachung nicht verloren, sondern gewon=
nen, und wenn dasjenige Kunstwerk des höchsten Lobes theil=
haftig wird, welches mit den wenigsten und einfachsten
Mitteln die höchste Wirkung erreicht, so hat die englische
Sprache ein volles Recht darauf, als das größte sprachliche
Kunstwerk angesehen zu werden. In Einer Beziehung er=
scheint sie allerdings arm, in Beziehung auf die poetischen
Kompositionsformen; allein sie theilt dieses Schicksal mit
allen modernen Sprachen, denn selbst die deutsche hält darin
keinen Vergleich mit den antiken aus. Die griechische Sprache,
die Sprache der plastischen Schönheit, hatte für jede poetische
Gattung eine eigene rhythmische Form ausgebildet: für das
Epos den Hexameter, für die Elegie das Distichon, für die
Tragödie den Trimeter und für die Ode den kunstvollen
Strophenbau. Von dieser reichen Mannichfaltigkeit besitzt
das Englische kaum eine Spur; sie läßt mit geringen Aus=
nahmen nur den Jambus zu; ihr wird der ungereimte Fünf=
füßler verdankt, welcher der alltäglichen Sprechweise am
nächsten steht, und ihre einzige kunstvollere Strophe ist die
Spenserstanze. Und doch weiß sie mit ihren Jamben der
Wucht des tiefsten Gedankens wie dem Spiele der zartesten
Empfindung Ausdruck zu geben. Von dem majestätischen
Gange des Milton'schen Verses durchläuft sie alle Schatti=
rungen bis zum anakreontischen Getändel Moore's. Ihre
Einsilbigkeit macht antike Metren zur Unmöglichkeit, aber sie
dient dafür der Klarheit, Kürze und Bündigkeit in um so
höherm Maße. Ueberhaupt hat sie, wie alle modernen
Sprachen, durch das Abwerfen der mit ihrem accentuirenden
Charakter unverträglichen rhythmischen Formen nur dem sich
in der Sprache und durch sie manifestirenden Geiste einen um
so freiern Spielraum eröffnet; was sie in formaler Hinsicht
eingebüßt, hat sie in materialer doppelt gewonnen, so daß

sich auch hier der Fortschritt nicht verkennen läßt. In keiner Sprache ist der Abweichung, Eigenwilligkeit und Willkühr so wenig Raum gegönnt, als in der englischen, was ihr insofern als ein Vorzug in Anrechnung gebracht werden muß, als sie dadurch zum festesten nationalen Bande und ihrer Entartung dadurch am sichersten vorgebeugt wird. In der That, wo immer sich die Engländer angesiedelt haben, sprechen und schreiben sie ihre Sprache mit der Reinheit des Mutterlandes; selbst Amerika erhält wenigstens die Schriftsprache unverderbt, und auch seine gesprochene Sprache dürfte zuletzt aus dem gegenwärtigen Gährungsprozesse wieder geklärt hervorgehen.

Es ist begreiflich, daß diese Eigenschaften der englischen Sprache auch im Auslande und namentlich in Deutschland fortwährend zahlreiche Freunde und Liebhaber erwerben müssen. Schon als die Sprache des Weltverkehrs, als die Sprache des Handels und der Gewerbthätigkeit ist sie uns unentbehrlich. Unser Reisebedürfniß und unsere Reiselust ist mehr als je und mehr als nach irgend einem andern Lande nach England gerichtet. Eine Reise nach England ist fast schon zu einer Spazierfahrt zusammengeschrumpft. Unsere Kaufherren und Gewerbtreibenden, unsere Schriftsteller und Vergnügungsreisenden — einzig die Künstler ausgenommen — haben ihr Augenmerk vorzugsweise auf England gerichtet, und unsere Literatur ist demgemäß mit Reiseschilderungen aus dem britischen Reiche und nächstdem aus Amerika überfüllt. Wer geht heutzutage noch in die „mittäglichen Provinzen von Frankreich", wie Thümmel? Aber nicht bloß zu England, sondern auch zu Amerika, dem zweiten Vaterlande der englischen Sprache, stehen wir in nicht minder zahlreichen und gewichtigen Wechselbezügen aller Art. Die englische Sprache verbreitet sich überdies von Tag zu Tag mehr über alle Theile der Welt, und der gelehrte Thomas Watts hat berechnet, daß noch vor dem Ende des Jahrhunderts das Englische die Muttersprache von ungefähr 150 Millionen menschlichen Wesen sein wird.*)

Allein wir haben noch einen gewichtigern und edlern Grund, die englische Sprache zu pflegen, und das ist die in ihr niedergelegte Literatur. Die englische Literatur ist in eminentem Sinne ein Ganzes, und nach des Dichters Worten schließen wir uns gern an ein Ganzes an, das wir zu Hause leider noch immer nicht finden. Sie ist zudem die einzige Literatur, welche in vollständiger politischer Freiheit emporgewachsen ist, ohne Censur und ohne Verwarnungen wegen ihrer „Gesammthaltung". Ihre einzige Schranke ist die Sitte und die öffentliche Meinung, die allerdings in mancher, namentlich religiöser Hinsicht, unsere Preßpolizei an Strenge übertrifft. Aus demselben germanischen Volks= charakter hervorgegangen wie die unsrige, ist die englische Literatur uns am nächsten verwandt, und wo sie sich ab= weichend von der deutschen entwickelt hat, dient sie derselben als eine naturgemäße Ergänzung. Ihr Realismus verschmilzt sich mit unserm Idealismus. Sie ruht auf derselben Grund= lage sittlichen Ernstes, protestantisch=religiöser Weltanschauung, wissenschaftlicher Strebsamkeit und edeln Gefühls für das Schöne und Gute, wie die unsrige. So kommt es, daß Kenntniß der englischen Sprache und Literatur zu einer conditio sine qua non für jeden wahrhaft Gebildeten unter uns geworden ist. Unsere Bibliotheken, ja unsere Häuser sind mit englischen Werken in Urschrift und Uebersetzung an= gefüllt. Die Uebersetzungen aus dem Englischen, selbst die dichterischen, haben eine so ausgebreitete Pflege genossen, daß

---

*) On the Probable Future Position of the English Language (Proceedings of the Philological Society IV, 207—214) Vergl. meine Atlantis I, 1—5.

sie fast zum Handwerk herabgesunken sind. Was auf diesem Felde vor achtzig Jahren hinreichte, den Ruhm eines Schriftstellers zu sichern, wird heute als alltäglich und selbstverständlich kaum einer vorübergehenden Aufmerksamkeit gewürdigt. Von der Stellung, welche die englische Sprache als Unterrichtsgegenstand in unsern Schulen einnimmt, werden wir nachher ausführlicher sprechen. Unsere Pressen erzeugen eine wahre Flut englischer Werke, und die Tauchnitzer Sammlung allein umfaßt bereits über 500 Bände, eine Erscheinung, welche schwerlich ihres Gleichen in der Literaturgeschichte findet. Es giebt kaum eine Druckerei in Deutschland, aus welcher nicht ein oder das andere englische Buch hervorgegangen wäre, während keine einzige englische Druckerei ein deutsches Werk hervorzubringen im Stande ist. Ja einzelne englische Buchhändler haben bereits angefangen, ihre Verlagsartikel in dem billigen Deutschland drucken zu lassen.*)

Freilich sind nicht alle Einwirkungen des Englischen ohne Ausnahme heilsam für uns, und wir müssen hier namentlich der zunehmenden Sprachmengerei aus dem Englischen als eines großen Uebelstandes gedenken. So sehr wir auch dem Englischen das Wort reden, so steht doch die Muttersprache unserem Herzen am nächsten, und wir wollen sie eben so wenig durch englische, als durch französische Fremdwörter verunziert sehen. Wir sagen mit Klopstock:

Ich haff' ihn, wer sie verbrittet.

Diese Verbrittung ist aber durch die schlechten Uebersetzungen und durch die Tagespresse zu einem nicht unbedenklichen Grade gestiegen. Es sind dabei drei verschiedene Arten zu unterscheiden. In die erste Kategorie fallen die Uebersetzungen oder Nachbildungen englischer Wörter, namentlich solcher Wörter, welche Dinge und Begriffe bezeichnen, die uns fremd

---

*) Z. B. Richard Garnett's Philological Essays. London, 1859.

oder von England zu uns herübergekommen sind. Besonders ist dies der Fall bei nationalen Eigenthümlichkeiten auf dem Gebiete des staatlichen und Rechtslebens, des Handels- und Gewerbwesens, auf welchem auch die zweite Kategorie sich vorzugsweise bewegt. Zur ersten Art rechnen wir Wörter wie „Hochkirche, Friedensrichter, Selbstregierung, Dampfer, Pferdekraft, Wahrspruch (Verdict), Widderschiff" u. s. w. Gegen derartige Bereicherungen unserer Sprache läßt sich nicht der geringste Einwand erheben, vielmehr sind sie, wenn sonst dem Geiste unserer Sprache angemessen, mit allem Danke anzunehmen. Anders steht es mit der zweiten Kategorie, den eigentlichen Fremdwörtern. Dahin gehören beispielsweise: „Bar, Beefsteak, bewildert, Brandy, Bowle, Buckskin, Cab, Clerk, Clan, Dissenter, drillen, Dock, Essay, Farm, Farmer, Fence, Gentleman, Gentry, Jury, Lunch, lunchen, macadamisiren, Mackintosh, Meeting, Mob, Parlamentarismus, Pier, Plaid, Park, Pilot, Pony, Pudding, Punsch, Roastbeef, Sheriff, Shopkeeper, Strike, Square, Tender, Tory, Toryismus, Verdict, Waggon, Whig, Whiggismus, whiggistisch, Whisky" und unzählige andere. Es läßt sich nicht leugnen, daß einzelne von ihnen theils schon eingebürgert, theils schwer ersetzlich sind, wenn man nicht zu solchen Ungeheuerlichkeiten wie der berühmte Hochholzbläser seine Zuflucht nehmen will. Jede Entschuldigung fällt hingegen bei der dritten Art hinweg, nämlich bei den aus dem Englischen übersetzten Wendungen und Wortfügungen. Nicht um eine Anklage gegen einzelne Schriftsteller zu erheben und ihnen zur Last zu legen, was ein Zug der Zeit ist, sondern nur, um nicht den Beweis schuldig zu bleiben, verweisen wir in dieser Hinsicht auf die Schriften von Gerstäcker, Balduin Möllhausen, Graf A. Baudissin, Talvj u. a., aus deren bloßer Nennung sich schon ergiebt, daß diese Anglicismen mehr aus Amerika, als aus England bei uns eingeführt werden. Wir finden bei diesen Schriftstellern Wendungen und Ausdrücke wie die folgenden: Die Leute setzten zusammen aus, st. machten sich zusammen auf den Weg; engl. set out together. — Guten Tag zu Euch. — Mit welchen wir mehrfach durch die unvermeidliche Ceremonie des Abschiedstrunkes zu gehen hatten, st. durchzumachen hatten; engl. with whom we had to go through the inevitable ceremony. — Eher hättest du einen Navahoe in (st. zu) einen Koyote, als den Knaben in einen Navahoe gepeitscht; engl. to whip into. — Jetzt ward beschlossen, China und Japan in Verträge zu zwingen; engl. to force into. — Kanonenbälle. — Feine Zeiten damals, st. schöne. — Es nahm mir einen ganzen Tag, bis ich diese numismatische Schrift gelesen hatte, st. es kostete mich; engl. it took me a whole day. — Bürste meine Füße mit deiner Kleiderbürste, st. bürste mir die Füße; engl. brush my feet. — Das fast unaufhörliche Aufblasen von Dampfkesseln, Dampfschiffen und Locomotiven; engl. blowing up. — Sie können Sich morgen einen andern Platz suchen, Charley, st. eine andere Stelle; engl. another place. — Als das Regiment wieder in Kalkutta landete, musterte es weniger als 400 Mann. — Ein geplanter Feldzug. — U. s. w. Je unvermerkter sich bei der innigen Verwandtschaft der beiden Sprachen viele dieser Anglicismen einschleichen (viel unvermerkter als die Gallicismen), desto mehr sollte jeder Freund der Muttersprache dagegen auf seiner Hut sein. Die Höhe der Sprachverderbniß ist es aber, wenn einzelne dieser Anglicismen vom unkundigen Volke aus Vornehmthuerei französisch ausgesprochen werden, wie Beefsteak, Buckskin, Jury, Pudding, Waggon u. a.

Wir kommen nunmehr zu einem der hervorragendsten Einflüsse, welche die englische Sprache und Literatur auf unser geistiges Leben ausübt, auf die Stellung, welche sie in dem Systeme unseres Unterrichtswesens einnimmt. Es ist eine merkwürdige Thatsache, daß in demselben Maße, in welchem die englischen Einflüsse auf unsere Literatur nachgelassen haben, die englische Sprache und Literatur eine immer höher gesteigerte Bedeutung als Unterrichts- und Bildungsmittel erlangt haben. War das vorige Jahrhundert das der englischen Nachahmung, so ist das gegenwärtige das des englischen Unterrichts. Wann zuerst die englische Sprache in unsern öffentlichen Lehranstalten Eingang gefunden hat, dürfte kaum zu ermitteln sein. In der von Hecker 1747 zu Berlin begründeten Realschule fand sie (nach Ersch und Gruber unter Hecker) noch keine Aufnahme. Eben so wenig in Herder's Rigaischem Schulplan von 1769.*) Herder erwähnt ihrer darin mit keiner Silbe und scheint sie überhaupt noch nicht gekannt zu haben; er ertheilt vielmehr noch dem Französischen diejenigen Lobsprüche, welche nach unserer heutigen Sprachkunde dem Englischen gebühren. Die erste Anstalt, welche ihren Zöglingen englischen Unterricht angedeihen ließ, war wahrscheinlich die 1769 von Wurmb und Büsch errichtete Handelsschule zu Hamburg, und ihr folgte darin vermuthlich die Düsseldorfer Realschule (1776) nach. Auf alle Fälle sind im vorigen Jahrhundert nur vereinzelte Spuren davon zu entdecken, und selbst in dem Lehrplane der Philanthropisten nahm das Englische noch keine gleichberechtigte Stelle ein.**) Erst mit dem Aufblühen der (1831 in Preußen anerkannten) Realschulen wurde auch das Englische ein Zweig des öffentlichen Unterrichts, und bis auf diesen Tag sind die Realschulen die hauptsächlichsten Pflegestätten

---

*) Werke zur Philosophie und Geschichte. XII, 290.

**) Nur ganz beiläufig wird in Ulrich's Pragmatischer Geschichte der vornehmsten katholischen und protestantischen Gymnasien und Schulen in Deutschland (Leipzig, 1780) S. 268 erwähnt, daß im Dessauer Philanthropin der Vicar of Wakefield gelesen werde.

desselben geblieben. Von hier hat es sich dann seinen Weg in die polytechnischen und Handelsschulen, in die Militair=Erziehungs=Anstalten, in die höheren Töchterschulen und theilweise auch in die Gymnasien gebahnt. Unter den letztern sind namentlich die hannöverschen Gymnasien anzuführen, in denen allmählich das Englische unter die verbindlichen Lehrgegenstände aufgenommen worden ist, sowie die Gymnasien zu Altenburg, Bielefeld, Braunschweig, Darmstadt, Dessau, Detmold, Frankfurt a. M., Hamburg, Helmstedt, Minden, Nürnberg, Oldenburg, Rostock, Schwerin, Soest, Stuttgart, Wismar u. a., wo es bald als verbindliches, bald als freiwilliges Fach in größerem oder geringerem Umfange getrieben wird, oder doch getrieben worden ist.*) Von den mit vielen Gymnasien verbundenen Realklassen sehen wir dabei ab. Das Gymnasium zu Elbing ist sogar durch die Stiftung eines Engländers Cowle seit 1821 mit einer besondern Lehrerstelle für das Englische ausgestattet, und für das Graue Kloster zu Berlin ist durch die Streit'sche Stiftung eine gleiche Fürsorge getroffen. Dagegen ist auf den Kur=hessischen und einigen andern Gymnasien der englische Unterricht wieder eingegangen.**)

Schon aus dieser letzten Thatsache ergiebt sich, daß die Aufnahme des Englischen in den Gymnasialunterricht unter den Schulmännern ein großer Streitpunkt ist, und daß „adhuc sub judice lis est". Es mag daher vergönnt sein, einige Augenblicke bei dieser Frage zu verweilen und eine abermalige Beleuchtung derselben zu versuchen. Die Gymnasien sind die allgemeinen Vorbereitungsschulen und Pflanz=

---

*) Nach Brauns und Theobald, Statistisches Handbuch der deutschen Gymnasien. Cassel, 1837.

**) Jahn's Jahrbücher 77 und 78 Band, 7 Heft S. 397 (Jahrgang 1858).

stätten unseres Gelehrten-Standes. Wenn es nun schon für die wahrhaft Gebildeten der Nation ein nicht mehr abzuweisendes Erforderniß ist, sich einige Kenntniß der beiden bedeutendsten Kulturvölker der Gegenwart anzueignen, so gilt dies in noch höherem Maße für die Gelehrten. Die Franzosen stehen an der Spitze der romanischen, die Engländer, wenigstens was politische Geltung, Handel und Gewerbthätigkeit anlangt, an der Spitze der germanischen Völker. Sie sind die beiden bestimmenden Nationen Europas. Den Engländern muß man eine solche Stellung sogar für die Welt einräumen, da sie durch ihre täglich wachsende Kolonialmacht und ihre Ausbreitung über alle Theile der Erde sich einen unleugbaren Einfluß auf fast alle Länder erobert haben. Wenn nun die Weltanschauung eines Volkes, sein Denken und Fühlen, ja sein eigenstes, innerstes Wesen sich unleugbar in seiner Sprache und Literatur ausgesprochen findet, so folgt, daß nur die Bekanntschaft mit diesen den Weg zum Verständniß einer Nation bahnen kann. Dazu kommt, daß die gegenseitigen materiellen und geistigen Beziehungen und Wechselwirkungen der Kulturvölker zu einander in fortschreitendem Wachsthum begriffen sind. Wer daher dem Gange der Civilisation und der Entwickelung der Menschheit kein Fremdling bleiben will, muß sich die Sprachen der beiden leitenden Völker zu eigen machen. Die Wissenschaft hat keine isolirte Existenz mehr; sie lebt und gedeiht in einem unaufhörlichen Hinüber und Herüber, und nicht mehr in klösterlicher Abgeschlossenheit, sondern Hand in Hand streben die Nationen den höchsten Zielen des Wissens und der Bildung zu. Wer sich den hieraus fließenden Folgerungen für unser höheres Unterrichtswesen eigensinnig verschließen wollte, würde die Gymnasien zu Abrichtungsanstalten für den Beamtenstand herabdrücken.

Daß der englische Unterricht auf dem Gymnasium durchführbar ist, wird thatsächlich durch die Gymnasien zu Bremen und Lübeck bewiesen — ob noch durch andere, ist uns unbekannt.*) Das Bremer Gymnasium beginnt das Französische in Sexta, das Englische in Quarta und führt in je zwei wöchentlichen Stunden seine Schüler in dieser Sprache bis zur Lectüre Shakespeare's, Milton's und Macaulay's. Und die Klage über Ueberbürdung der Schüler wird in Bremen schwerlich größer sein, als anderswo; man hilft sich auf andere Art, wie denn die oberen Klassen nur acht Stunden Latein haben, statt der anderswo noch hartnäckig festgehaltenen neun. Daß deßhalb die Leistungen im Lateinischen hinter denen anderer Anstalten zurückbleiben sollten, ist wenigstens nach den Angaben des Programms durchaus nicht glaublich. Auch der Mathematik könnte eine oder die andere Stunde abgenommen werden, da sie sich unserer unmaßgeblichen Ansicht nach ihr Gymnasialziel gegenwärtig entschieden zu hoch gesteckt hat. Die klassischen Philologen quand même werden uns freilich entgegen halten, daß Bremen und Lübeck durch ihre örtlichen Verhältnisse zu dieser Erweiterung ihres Gymnasial-Lehrplans gezwungen sind. Sie werden ferner sagen, daß der Bericht in Köchly's Blättern zur Gymnasial-Reform (S. 32—44), in welchem dem Englischen das Wort geredet wird, von Dr. Munde, dem Verfasser der bekannten englischen Sprachbücher, herrührt und mithin parteiisch ist — aber sind sie nicht selbst parteiisch, ja parteiischer als die Freunde und Verfechter der neueren Sprachen? Die letztern haben, um Dr. Mager's Ausdruck zu gebrauchen, ihren Weg zu den modernen Sprachen über Athen und Rom genommen; sie kennen die klassische Philologie aus eigener Erfahrung

---

*) Programm der Hauptschule zu Bremen. 1863. — Brauns und Theobald, Statistisches Handbuch, 582.

und schätzen sie, was die einseitigen Humanisten hinsichtlich der modernen Philologie nur in wenigen Fällen von sich rühmen können. Denn wer sich einmal der modernen Philologie gewidmet hat, wird ihr nicht wieder ungetreu und kehrt nicht wieder nach Hellas oder Latium zurück.

Gegen eine Zulassung — vielleicht gar noch eine fakultative*) — der englischen Sprache in den beiden obersten Klassen mit je zwei Stunden (wie in Detmold und Oldenburg) möchten wir jedoch durchaus Verwahrung einlegen. Ein solcher Betrieb ist durchaus ungenügend und kann nur zur seichtesten Oberflächlichkeit führen. Ueberdies bringt er Lehrer, Lehrgegenstand und Schüler der durch die Aufnahme in das Abiturienten-Examen sanctionirten französischen Sprache gegenüber in eine durchaus schiefe Stellung. Es ist eine sehr mißliche Aufgabe, mit den Schülern einer Secunda das Abc einer Sprache zu beginnen, zumal einer Sprache, deren Orthographie und Aussprache so manches Abweichende und für den Anfänger Schwierige darbietet. Sollen dann die Primaner etwa ein erstes Lesebuch statt des Shakespeare tractiren, oder wenn sie sich leichtsinniger Weise an diesen wagen, so kann es nur durch eine gänzlich sprungweise, ungründliche Unterrichtsmethode geschehen. Und wo soll bei zwei wöchentlichen Lectionen auch nur die nothdürftigste Zeit für die Grammatik erübrigt werden? In einem so unverhältnißmäßig knapp bemessenen Zeitraume können weder von Lehrern noch Schülern irgend welche nennenswerthe Leistungen erwartet werden, und wenn das Englische nicht in der Quarta oder mindestens der Tertia begonnen werden kann, so scheint es in der That vorzuziehen, dasselbe ganz zu streichen.

---

*) Ein fakultativer Unterricht in den modernen Sprachen sollte überhaupt nur an Bürger- und Töchterschulen gestattet sein, wenn ihn örtliche Verhältnisse zweckmäßig erscheinen lassen.

Allein wir können nicht umhin, den bisher gegen das Englische gerichteten Spieß einmal umzukehren und die Frage aufzuwerfen, ob, wenn nach der Ansicht der klassischen Schulmänner nur Eine moderne Sprache am Gymnasium gelehrt werden kann, diese nothwendiger Weise die französische sein muß? Könnte nicht vielmehr die englische Sprache wenigstens die erste Stelle einnehmen, und die französische als fakultativer Gallopin nebenher laufen?

Der sprachliche Unterricht soll ein formales Bildungsmittel für den jugendlichen Geist und eine materiale Vorbereitung für die Bedürfnisse, wie für die geistigen Arbeiten und Genüsse des Lebens sein. In ersterer Beziehung steht die englische Sprache nach dem, was wir über ihren Charakter angedeutet haben, der französischen mindestens gleich, in letzterer ist sie ihr bei weitem überlegen. Hinsichtlich des Mädchen-Unterrichts hat sich schon Raumer in seiner Geschichte der Pädagogik*) in diesem Sinne ausgesprochen. „Von Seiten der Literatur," sagt er, „bietet England bekanntlich in jeder Hinsicht, und gerade auch für Mädchen, einen weit größern Reichthum lesenswerther, sittlich reiner und interessanter Bücher als Frankreich. Es besitzt unter andern treffliche Kinderschriften, natürliche, einfache, welche manche kindlich thuende, gezierte deutsche Kinderschriften wahrhaft beschämen. Aus diesem Grunde und aus manchem andern wäre auf den Fall, daß ein Mädchen wählen müßte, ob sie Französisch oder Englisch lernen wollte, ohne allen Zweifel dem Englischen der Vorzug zu geben." Wir sehen nicht ein, warum dieselben Gründe nicht auch für unsere männliche Jugend Geltung haben sollen, im Gegentheil

---

*) Bd. 3, 2. Abth. S. 215. Beiläufig bemerkt ist dies die einzige auf das Englische als Unterrichtsgegenstand bezügliche Stelle, welche wir in dem ganzen Werke aufzufinden vermögen.

treten sie hier noch in verstärktem Maße auf. Das Französische wird jetzt thatsächlich weit mehr für die Schule, als für das Leben gelernt, während beim Englischen der umgekehrte Fall eintritt. Was fangen unsere jungen Männer nach der Rückkehr von der Universität mit ihrem Französischen an, soweit sie es nicht während des Trienniums bereits wieder eingebüßt haben? Sollen sie zur Erholung und Fortbildung französische Tragödien oder Boileau's Dichtkunst studiren? Oder die überspannten Produkte der neuesten französischen Romantik? Oder die angefaulte Literatur der Demi-Monde? Nach alle dem werden sie gewiß geringes Verlangen tragen, wohl aber werden sie sich zu Shakespeare, zu Byron, zu Macaulay, zu den Scott'schen und Dickens'schen Romanen und zu der englischen Tagespresse hingezogen fühlen. Sie werden also genöthigt sein, nach (meist schlechten) Uebersetzungen zu greifen, welche auf ihren sprachlichen Sinn, ihr Gefühl für den Styl und die Reinheit der Muttersprache nachtheiliger wirken, als es dem oberflächlichen Betrachter erscheint. Ueberdies bieten Uebersetzungen, auch abgesehen von diesen schädlichen Einflüssen, nur den halben Genuß. Wir sind weit entfernt von der Ansicht, daß die Frage Cui bono? den Ausschlag für die Organisation des Unterrichts und der Erziehung geben solle; wir heben die Nützlichkeitsseite nur deshalb hervor, weil wir überzeugt sind, hinsichtlich der Vorzüge des Englischen als formalen Bildungsmittels keinem Widerspruche zu begegnen. Der jugendliche Geist wird durch die Erlernung einer jeden Sprache gebildet, auch wenn sie weit weniger anerkannte Vorzüge aufzuweisen hätte, als die englische. Es kommt dabei viel weniger auf die Sprache selbst, als auf die Lehrmethode an.

Ein Punkt, welcher zu Gunsten des Französischen sprechen könnte, ist die Conversation. Es giebt noch immer ausschließende Kreise, denen die französische Conversation ein unentbehrliches Bedürfniß ist, oder doch zu sein scheint, während in den mittleren Schichten das Französische immer mehr vom Englischen verdrängt worden ist. Allein für diese Kreise sind unsere Gymnasien überhaupt nicht zugeschnitten, und sie erwerben sich in der That ihre Bildung zum größten Theile auf anderen Bildungsanstalten. Ohnehin können die Gymnasien beim besten Willen die Aufgabe nicht lösen, ihre Zöglinge mit derjenigen Fertigkeit in der französischen Unterhaltung auszustatten, welche in Hof- und anderen aristokratischen Kreisen erfordert wird, und es würde diesen daher aus einer etwaigen Aenderung im Lehrplan der Gymnasien kein Nachtheil erwachsen. Nähme dagegen das Englische die Stelle des Französischen ein, so zweifeln wir nicht, daß der Erfolg in der mündlichen Handhabung der Sprache ungleich günstiger ausfallen würde, als gegenwärtig beim Französischen.

Auf alle Fälle ist die Sache so angethan, daß, wer nicht dem unbedingten Stillstand huldigt, wer die Nothwendigkeit des Fortschritts auch auf dem Gebiete des Unterrichts begreift, sich der Bedeutung dieser Frage nicht verschließen kann. Nichts ist leichter, als eine stillschweigende oder ausgesprochene Abweisung, aber die Frage wird immer wiederkehren, und eine schließliche Entscheidung läßt sich nur nach einer genügenden Erprobung erwarten. Die englische Sprache verlangt auf unseren Gymnasien nichts, als was die Engländer „fair play" nennen, d. h. gleichen Wind und gleiche Sonne mit der französischen. Man gewähre ihr das, und der Sieg ist ihr sicher.

Zu diesem „fair play" gehört namentlich auch, daß das Englische durch einen eigenen Lehrer vertreten sei und nicht mit dem Französischen zusammen in Eine Hand gelegt werde. Die beiden Sprachen verhalten sich wie die beiden Nationen geradezu antipodisch, und alle zeitweiligen politischen Einverständnisse und Bündnisse vermögen diesen Gegensatz nicht zu beseitigen. Ihr Lautsystem, ihre Accentuation, ihre Formenlehre, wie der Geist und Charakter ihrer Literatur stehen sich schroff gegenüber. Die meisten Sprachlehrer, wenigstens so weit sie ihr Fach philologisch erfaßt haben, werden sich daher einer der beiden Sprachen mit Vorliebe zuwenden und die andere als Appendix oder Zwangsfach nebenher gehen lassen. Und was die Konversation anlangt, so ist es eine bekannte Thatsache, daß sich keine zwei Sprachen so schwer auf derselben Zunge vertragen, als eben die französische und englische. Die Franzosen lernen trotz langjährigen Aufenthaltes in England fast nie gut englisch sprechen, wie umgekehrt die Engländer fast nie französisch. Daß es Ausnahmen giebt, Allerweltslinguisten, deren Zungengeläufigkeit vor keiner Sprache erschrickt, stößt die Regel nicht um; gewöhnlich schließen diese Ausnahmen aber ein grammatisches, geschweige philologisches Verständniß der Sprache gänzlich aus. Bei weitem sachgemäßer erscheint es, das Englische mit dem Deutschen in Einer Hand zu vereinigen. Dafür spricht die geschichtliche Zusammengehörigkeit dieser Sprachen, ihre Uebereinstimmung in Lautlehre, Wortschatz und andern Beziehungen. Die deutschen Dialekte geben oft die überraschendsten Aufschlüsse für die englische Aussprache, wie das Alt- und Mittelhochdeutsche für die Gestaltung und Bedeutung der Wörter. Nach diesen und ähnlichen Richtungen hin ließe sich durch die Vereinigung der Unterricht für beide Sprachen ohne Zweifel außerordentlich fruchtbar machen. Daß dem Lehrer so viel Kenntniß der französischen Sprache inwohne, um das französische Element der englischen Sprache zu würdigen und seinen Schülern verständlich zu machen, wird dadurch natürlich nicht ausgeschlossen; es ist eine selbstverständliche Forderung, deren Erfüllung bei der vorausgesetzten Kenntniß des Lateinischen keinem Lehrer Schwierigkeiten bereiten kann. Die Frage hängt nahe mit der allgemeinern zusammen, ob man Fachlehrer anstellen solle, oder nicht, ob der Lehrer den Schwerpunkt seines Wissens und Arbeitens im Lehrstoffe oder in der Methode zu suchen habe. An den höhern Lehranstalten, wo die Beherrschung des Stoffes eine so viel umfassende Arbeit ist, daß sie fast zur Lebensaufgabe wird, wird man sich unserer Ansicht nach immer mehr auf Fachlehrer hingewiesen sehen. Wir wissen nicht, ob es mehr unser Bedauern oder unsern Spott erregen soll, wenn wir sehen, wie selbst in Preußen noch oft genug Unterricht in den neuern Sprachen, in den Naturwissenschaften, und wo möglich auch in der Geschichte und Geographie von derselben Persönlichkeit gefordert wird. Und für solche Wunder von Polyhistorie bietet man 500, höchstens 600 Thlr. Gehalt! Wir beklagen die armen Lehrer, noch mehr aber ihre Schüler! Doch das führt uns auf das dornige Feld der Schulverwaltung, und wir brechen lieber ab.

Wenn auch, wie gesagt, die Realschulen die hauptsächlichsten Pflegestätten des englischen Unterrichts sind, so sind sie doch keineswegs die einzigen. Die englische Sprache bildet namentlich auch ein hervorragendes Element der weiblichen Erziehung, und es dürfte schwerlich ein Pensionat oder eine höhere Töchterschule zu finden sein, welche es nicht in ihren Lehrplan aufgenommen hätte. Bei der außerordentlich verschiedenen Organisation des Schulwesens in unsern 34 Vaterländern ist es sehr schwierig, einen statistischen Ueberblick über die Zahl und den Schülerbesuch derjenigen Lehranstalten zu gewinnen, an denen das Englische einen öffentlichen Lehrgegenstand bildet — der Privatunterricht entzieht sich vollends aller Berechnung. Nach amtlichen Mittheilungen im Centralblatte für die gesammte Unterrichts-Verwaltung besaß Preußen im Jahre 1861 32 Realschulen erster Ordnung mit 11,058 Schülern und 26 Realschulen zweiter Ordnung mit 6166 Schülern. Nach dem gleichfalls auf amtlichen Quellen beruhenden Schul-Almanach von Dr. Mushacke für 1863 schätzen wir die sämmtlichen, vom Staate unterhaltenen oder staatlich anerkannten Real- und höhern Bürgerschulen, Handels- und Gewerbschulen und ähnlichen Anstalten, in denen sich das Englische voraussetzen läßt, im gesammten Deutschland mit Einschluß Oesterreichs, jedoch mit Ausschluß Bayerns auf etwa 400. Für Bayern fehlt nämlich jeder Anhaltpunkt, um diejenigen Anstalten zu erkennen, in denen englischer Unterricht ertheilt wird. Dazu kommen für Preußen allein noch 100 höhere Töchterschulen. Nicht in Anschlag gebracht sind dagegen die Töchterschulen der übrigen deutschen Staaten, die mit vielen Gymnasien verbundenen Realklassen oder halben Realschulen, sowie diejenigen Gymnasien, welche das Englische aufgenommen haben. Wenn wir nun auch nicht übersehen dürfen, daß viele Lehrer den englischen Unterricht an mehr als einer Anstalt versehen, sowie daß derselbe an manchen Töchterschulen von Lehrerinnen ertheilt wird, so glauben wir dennoch die Zahl der öffentlich angestellten Lehrer der englischen oder überhaupt der modernen Sprachen in Deutschland ohne Uebertreibung auf 5—700 veranschlagen zu dürfen. Ueber die Zahl der Englisch lernenden Schüler und Schülerinnen ist noch viel schwerer ein annäherndes Ergebniß zu erlangen.

Fragen wir, wo und wie diese Lehrer sich ihre Fachbildung aneignen, so tritt uns die außerordentliche Thatsache entgegen, daß sie der großen Mehrzahl nach Autodidakten in ihrem Fache sind, weil die moderne Philologie noch immer nicht von Staats wegen anerkannt und in den Kreis der akademischen Studien als gleichberechtigtes Glied aufgenommen ist. Es ist unglaublich, aber wahr.*) Schon vor zwanzig

---

*) Damit noch nicht genug, hat sogar ganz neuerlich der preußische Unterrichtsminister in einem Erlasse an einen Universitätskurator es für eine noch immer nicht zu vermeidende Ausnahme erklärt, daß Behufs der Erlangung der Befähigung zum Unterrichte in den neuern Sprachen an den höheren Lehranstalten auch Kandidaten, welche nicht

Jahren hat der verewigte Dr. Mager mit seiner umfassenden Kenntniß des Unterrichtswesens und der Schärfe seines philosophischen Geistes dieses Unwesen einer eingehenden Beleuchtung unterworfen und den Weg zur Besserung gezeigt.*) Leider umsonst, denn die Sache ist im Ganzen beim Alten geblieben. Wenn sie also wiederum zur Sprache gebracht wird, so kann es nicht aus dem Kitzel, etwas Neues vorzubringen, geschehen — denn sie ist nicht neu — sondern nur in der Hoffnung, daß der Tropfen endlich den Stein aushöhlen möge.

Die Regel ist die, daß, während für die klassische Philologie aufs Beste und Reichste gesorgt ist, der angehende Student der modernen Philologie der Unterweisung der Lektoren überlassen wird. Ueber das Institut der letzteren braucht kein Wort mehr verloren zu werden. Die bekannte Thatsache, daß ein — im Uebrigen untadeliger — Leipziger Lektor noch vor zwanzig Jahren sich und die Seinigen durch den Nebenverdienst der Tanzmusik ernähren mußte, spricht wahrlich laut genug. Es mögen ganz brauchbare Lehrer unter ihnen sein — wir sprechen nicht gegen Personen; so viel aber steht unumstößlich fest, daß das Institut völlig unverträglich ist mit der Würde der Wissenschaft und völlig untauglich zur Heranbildung moderner Philologen. Mager will die Lektoren zwar für den Privatunterricht der Studenten anderer Fakultäten beibehalten; allein das ist eine Sache, welche lediglich der Privatindustrie überlassen werden kann. In allen Universitätsstädten wird sich ein englischer Lehrer sei es an einem Gymnasium oder einer Realschule vorfinden, der für solchen Privatunterricht geeignet ist und dem dadurch

---

mit einem Gymnasial-Zeugnisse der Reife für die Universität versehen sind, zugelassen werden können. Kölnische Zeitung, 14. März 1864.

*) Ueber Wesen, Einrichtung und pädagogische Bedeutung des schulmäßigen Studiums der neuern Sprachen und Literaturen und die Mittel, ihm aufzuhelfen. Zürich, 1843. 104 ff.

eine erwünschte Nebeneinnahme zuwächst, da ja leider die meisten Lehrer noch immer auf Nebenverdienst angewiesen sind. An mehreren preußischen Universitäten ist auch bereits die Einrichtung getroffen, daß ein solcher Gymnasial- oder Reallehrer mit der Funktion eines Lektors betraut ist, und wenn einmal die Lektoren für unentbehrlich gehalten werden, so möchte sich eine solche Auskunft noch am meisten empfehlen. Wir vermögen jedoch die Nothwendigkeit in keiner Weise einzusehen. An andern Universitäten hat man Ausländer, Franzosen und Engländer, als Lektoren ihrer Muttersprache angestellt.*) Gewiß ist die mündliche und schriftliche Handhabung des Englischen und Französischen für die Lehrer dieser Sprachen noch unerläßlicher, als für die klassischen Philologen der Gebrauch des Lateinischen, und in dieser Beziehung leisten die Ausländer ohne Frage ganz ersprießliche Dienste. Allein in der Regel lassen sie es dafür um so mehr an Wissenschaftlichkeit fehlen, und von dem Wesen der Philologie und den Erfordernissen unseres Unterrichtswesens haben sie meistens gar keine Kenntniß. Die Fertigkeit im münd-

---

*) Der Philanthropist Wolke eifert in Weiß und Tillich's Beiträgen zur Erziehungskunst (Leipzig, 1805) II, 1, 169—172, gegen die Sprachmeister (maitres de langue), empfiehlt aber merkwürdiger Weise ausländische Lehrer, wenn sie nur die rechte Methode besitzen — d. h. die von ihm selbst ausgebildete, philanthropische. Die Aeltern, meint er, würden „auf etwas Ueberflüssiges, ja auf etwas Schädliches Anspruch machen, wenn er (der Lehrer) auch deutsch verstehen und sprechen sollte. Dessen bedarf er gar nicht, um bei deutschen Kindern und jüngern Leuten diese Absicht (die Erlernung der fremden Sprache) zu erreichen. Es ist genug, die Erfüllung Eures und seines Wunsches gelingt besser, die Fertigkeit im Verstehen und Sprechen erfolgt sicherer, wenn er nur die zu lehrende Sprache und die naturgemäße Lehr-Methode gut versteht und anwendet." — Nach unseren Begriffen ist das die Sprachmeisterei in höchster Potenz. Wenn der Sprachunterricht kein höheres Ziel kennt, als Fertigkeit in der Konversations-Macherei, so mag er je eher je lieber ganz aufhören und etwas Besserem Platz machen.

lichen und schriftlichen Ausdruck läßt sich aber auf anderen und minder bedenklichen Wegen erlangen, die wir nachher bezeichnen werden. Auf die zufälligen, in die moderne Philologie einschlagenden Vorlesungen, welche von einzelnen Universitätslehrern außerhalb ihres Faches aus besonderer Neigung gehalten werden, können die Studenten dieser Wissenschaft unmöglich angewiesen werden. Allerdings bestehen ausnahmsweise einzelne wenige Professuren für moderne Philologie (mit besonderer Anerkennung muß in dieser Hinsicht Tübingen genannt werden), allein sie sind entweder für die romanische Philologie ausschließlich bestimmt, oder sie umfassen das Gesammtgebiet der modernen Sprachen und Literaturen. Eine solche Zusammenfassung erscheint uns auf der Universität noch weit unstatthafter als auf dem Gymnasium oder der Realschule. Das Gebiet ist viel zu ausgedehnt, und seine einzelnen Theile sind viel zu heterogen, als daß sie von Einem Gelehrten gleichmäßig und mit Erfolg beherrscht werden könnten. Wendet er sich der sprachlichen Seite zu, so wird er unwillkührlich in die comparative Philologie hineingezogen. Nun hegen wir zwar die höchste Achtung vor der comparativen Philologie, allein wenn sie wirklich fruchtbringend sein und sichere Ergebnisse liefern soll, so muß sie durchaus auf dem Sanskrit beruhen. Es sollen aber auf diesem Wege nicht Sanskritisten und komparative Philologen, sondern Lehrer der modernen Sprachen gebildet werden. Auf der andern Seite, wenn der Professor der neuern Sprachen und Literaturen sich vorwiegend literar=geschichtlichen Studien widmet, so geräth er auch hier in Gefahr, sich zu zersplittern und, anstatt Eine Literatur zu ergründen, sich in ästhetisirende Vergleichungen und sonstige Schöngeisterei zu verlieren.

Das, was wir brauchen, sind gesonderte Professuren für die englische wie für die französische (romanische) Philologie, ganz nach Analogie der getrennten griechischen und lateinischen Professuren. Daß Alles, was wir hier von der englischen

Philologie sagen und für sie verlangen, auch in Bezug auf
die romanische Geltung hat, bedarf keines Beweises; in der
That sind nicht nur von Dr. Mager,*) sondern ganz kürzlich
wieder von Dr. Mahn mit allem Recht die gleichen Forderungen für sie erhoben worden.**) Daß ein solcher Lehr-
stuhl vollständig seinen Mann in Anspruch nehmen würde,
ergiebt sich, wenn wir uns seine Thätigkeit als Docent wie
als Forscher und Schriftsteller veranschaulichen. Ein Professor der englischen Philologie würde etwa folgende Kollegien
zu lesen haben: Angelsächsische Grammatik und Erklärung
angelsächsischer Schriften; englische Grammatik und Erklärung
englischer Autoren; englische Literaturgeschichte; englische Antiquitäten; englische Geographie (vom historischen Stand-
punkte) und Geschichte; schottische Sprache und Literatur;
die englische Literatur in Amerika, u. s. w. Was die Erklärung englischer Autoren anlangt, so ist sie keineswegs mit
Shakespeare abgethan; seine Vorgänger und Zeitgenossen in
der dramatischen Poesie, Marlowe, Ben Jonson, Beaumont
und Fletcher u. a., verdienen nicht minder Berücksichtigung.
Aber auch die übrigen Zeiträume der englischen Literatur
dürfen nicht vernachlässigt werden, und Chaucer, Spenser,
Dryden, Milton, Addison, Pope, Burns u. A. müssen den
Studiosen der englischen Philologie vorgeführt werden. Daß
alle diese Schriftsteller nach streng philologischer Methode
gelesen und erklärt werden müssen, darüber sind alle Kenner
einig; bezüglich Shakespeare's hat es auch Gervinus mit

---

*) Mager begeht die auffallende Ungerechtigkeit, für die germanische
und romanische Philologie ordentliche Professuren zu verlangen, während
er die englische mit einer außerordentlichen abspeisen will. Wir denken,
gleiche Brüder, gleiche Kappen.

**) Ueber die Entstehung, Bedeutung, Zwecke und Ziele der Ro-
manischen Philologie. Ein Vortrag in der Germanisch-Romanistischen
Section der in Meißen tagenden Versammlung deutscher Philologen und
Schulmänner am 1. Okt. 1863 gehalten von K. A. F. Mahn. Berlin, 1863.

nachdrücklichen Worten ausgesprochen. Freilich fehlen dazu noch zahlreiche gelehrte Hülfsmittel, und die Beschaffung derselben wäre die zweite Aufgabe für die Professoren der englischen Philologie. Deutschland hat noch keine kritische Ausgabe des Chaucer oder des Shakespeare hervorgebracht — es würde überhaupt an kritischen Textausgaben für englische Kollegien fehlen; es giebt noch keine philologische Geschichte der englischen Literatur — weder in Deutschland, noch selbst in England, denn Warton's Geschichte der englischen Poesie, Collier's Geschichte des englischen Dramas und ähnliche Werke umfassen nicht die ganze Literatur; wir besitzen noch kein Handbuch der englischen Antiquitäten, obwohl auch auf diesem Felde die Engländer die vortrefflichsten Vorarbeiten geliefert haben (Brand, Popular Antiquities; Drake, Shakespeare and his Times &c.). Alles das sind Aufgaben für Universitäts-Professoren; den Lehrern an Gymnasien und Realschulen, selbst wenn sie tief genug in ihre Wissenschaft eingedrungen sind, gebricht es dazu an der erforderlichen Muße, wie in den bei weitem meisten Fällen an den literarischen Hülfsmitteln. Da sie aber doch einmal schriftstellerisch wirken wollen, so werden sie gar zu oft zur Herausgabe von sprachmeisterlichen Grammatiken, Lehr- und Sprachbüchern, Chrestomathien und Ausgaben verführt, welche der modernen Philologie in den Augen der klassischen so großen Schaden thun. Es giebt keinen bessern Damm gegen diese Fluth, als die Bildung einer von den Universitäten ausgehenden, auf streng philologischer Grundlage ruhenden Schule.

Das durchgreifendste Mittel ist ohne Frage die Errichtung von akademischen Seminaren für die modernen Sprachen, genau nach dem Muster der für die klassischen Sprachen bestehenden. Was haben die modernen Sprachen verbrochen, daß ihnen allein dieses Bildungsmittel für ihre künftigen Lehrer vorenthalten wird, während die neueste Zeit historische, chemische, ja in Jena und Halle sogar staats- und landwirthschaftliche Institute dieser Art hat entstehen sehen? Allerdings ist mit dem Friedrichs-Gymnasium in Berlin ein Institut für angehende Lehrer der neueren Sprachen verbunden, in gleicher Weise wie mit dem Friedrich-Wilhelms-Gymnasium ein Institut für Lehrer der Mathematik und Physik verknüpft ist. Wir besitzen keine nähere Kunde von der Wirksamkeit dieses Instituts, so viel aber können wir dessenungeachtet sagen, daß es mit seinen zehn Mitgliedern selbstverständlich kaum für die Bedürfnisse Berlins ausreichen kann, und daß wir aus theoretischen Gründen den akademischen Seminaren den Vorzug geben, wenigstens keinesfalls sie durch Lehrer-Seminare für ersetzt halten können. Die akademischen Seminare dienen der wissenschaftlichen Ausbildung an und für sich, die andern wollen ihre Anwendung auf die Schule vermitteln; sie dienen der Pädagogik. Es giebt ja doch auch für die klassische Philologie in Preußen sowohl akademische, als auch Lehrer-Seminare. In den akademischen Seminaren müssen die Mitglieder im mündlichen und schriftlichen Gebrauche der Sprache, in der Erklärung der Schriftsteller und in der selbständigen Erforschung und Bearbeitung einzelner Partien aus der Literaturgeschichte, den Antiquitäten u. s. w. geübt werden. Alles dies ist so selbstverständlich, so sehr durch das Vorbild der klassischen Seminare gegeben, daß man darüber gar keine Worte zu verlieren braucht.

Sind erst einmal die Lehrstühle für die neueren Sprachen beschafft, so würde die Errichtung der Seminarien sehr unbedeutende Kosten verursachen. Beide Professuren nebst dem Seminare würden sich Alles in Allem auf den kleineren Universitäten mit 2000 Thlr., auf den großen mit 2500 Thlr. bestreiten lassen, eine wahre Kleinigkeit, wenn es sich etwa um irgend einen Theil eines Militairbudgets handelte. Wir nehmen im erstern Falle die Gehalte für die beiden Professoren der französischen und englischen Philologie zu je 800 Thlrn., im zweiten Falle zu je 1000 Thlrn. an. Der

Rest würde zu Stipendien und Preisaufgaben für die Seminaristen und anfänglich wohl auch zur Ergänzung der englischen Partie der kleineren Universitäts-Bibliotheken zu verwenden sein. Für die vorzüglichsten Seminaristen würde alljährlich ein Reisestipendium von 3--400 Thlrn. auszusetzen sein, welches an die Bedingung der rite bestandenen Promotion geknüpft werden könnte, und welches abwechselnd einem englischen und einem französischen Philologen verliehen werden müßte. Diese Stipendiaten hätten dadurch die beste Gelegenheit, nicht nur die begonnene Uebung im mündlichen und schriftlichen Ausdrucke zur vollständigen Fertigkeit auszubilden, sondern auch auf dem Britischen Museum oder der Kaiserlichen Bibliothek gelehrten Studien obzuliegen. Aus ihnen würden am ersten auch Privatdocenten und künftige Professoren herangebildet werden. Ob die übrigen Seminaristen mit kleineren Stipendien bedacht werden sollen, hängt lediglich von den vorhandenen Mitteln ab. Wichtiger dagegen ist die Frage, ob auch die germanistischen Studien in diese Seminare aufzunehmen seien, so daß der Professor der germanischen Philologie als dritter Lehrer an ihnen zu fungiren hätte — wir meinen nicht dem Range nach, denn die Rangordnung ist gleichgültig und von äußeren Umständen, wie dem Dienstalter der betreffenden Professoren und dergleichen abhängig. Dr. Mager hat die Frage bejahet, und es läßt sich in der That nicht absehen, warum eine solche Verbindung nicht Statt finden sollte. Für die englischen Philologen würde sie ohne allen Zweifel außerordentlich fruchtbar sein, um so mehr, als wir schon oben ausgeführt haben, daß auf Gymnasien und Realschulen viel mehr der deutsche und englische Unterricht in ein und dieselbe Hand gelegt werden sollte, statt wie bisher der französische und englische. Das Regulativ für das Staatsexamen der modernen Philologen wäre natürlich entsprechend umzugestalten.

Auf diesem Felde erblicken wir das Ziel und die Auf=

gabe, welche unserer Pflege der englischen Sprache und Literatur gestellt sind. Shakespeare aber, von dem, wie wir gezeigt zu haben glauben, die Einwirkung der englischen Literatur auf die deutsche ihren Ausgang genommen hat, wäre gewiß der erhabenste Patron, um diese neue Aera einzuweihen. Soll seine Sprache noch länger von unserer Wissenschaft ignorirt werden, noch länger von unsern Universitäten ausgeschlossen bleiben oder als fünftes Rad an ihnen behandelt werden? Shakespeare's dreihundertjährige Jubelfeier ist ein vor allen andern geeigneter Zeitpunkt, um die englische Sprache und Literatur in die wissenschaftliche Sphäre und auf das Gebiet des wahrhaft gelehrten Betriebes zu erheben. Nicht bloße Nützlichkeitsgründe sind es, die diese Forderung an uns stellen, die Ehre der Wissenschaft selbst verlangt es. Deutschland ist die Studierstube der Welt. Soll hier die ausgebreitetste Sprache der germanischen Völkerfamilie, die künftige Weltsprache, als welche sie Jacob Grimm bezeichnet hat, die ebenbürtige Zwillingschwester unserer Muttersprache, soll die Literatur, welcher wir so zahlreiche und herrliche Anregungen und einen solchen Sporn zur eigenen nationalen Entwickelung verdanken — soll, fragen wir, diese Sprache und Literatur bei uns noch immer der sprachmeisterlichen Empirie preisgegeben bleiben? Ist sie der gelehrten Erforschung und Behandlung etwa weniger fähig oder würdig, als das an unsern Universitäten vertretene Chinesische und Mongolische? Die Bahn zum Wetteifer steht offen, und die kleinste Universität kann hierin der größten den Rang abgewinnen. Und wenn es den Regierungen wirklich an Mitteln gebricht, warum können nicht Privatkräfte ihnen durch Stiftungen und dergleichen zu Hülfe kommen, wie es in England täglich geschieht? Man gewähre uns zunächst nur englische Lehrstühle, und wir werden diese Abschlagszahlung benutzen, um uns Schritt für Schritt das ganze Kapital zu erobern und um namentlich auch dem englischen Unterrichte auf den Gymnasien eine zeitgemäßere Stellung zu erkämpfen. Jubelfeste feiern und Denkmäler setzen ist sehr schön, allein wir haben dieses Feld in der jüngsten Zeit mit einer wahren Leidenschaft abgeärntet. Es wird hohe Zeit, daß wir auch etwas thun, um auch unsern Nachkommen eine kleine Veranlassung zum Jubiliren übrig zu lassen. Wir hören von einem Plane: „durch Gründung einer deutschen Shakespeare-Gesellschaft das Säcularfest des Jahres 1864 dauernd zu bezeichnen". Als die Punkte, auf welche diese Shakespeare-Gesellschaft ihr Augenmerk vorzüglich zu richten beabsichtigt, werden genannt: eine volksthümliche Ausgabe der Werke Shakespeare's mit sachlichen und geschichtlichen Anmerkungen und Erklärungen; die Veranstaltung regelmäßiger Vorlesungen aus oder über Shakespeare; die Anregung einheitlicher und planmäßiger Shakespeare-Vorstellungen auf deutschen Bühnen; die Herausgabe eines Shakespeare-Jahrbuches; die Beschaffung einer Shakespeare-Bibliothek; die Veranlassung von Illustrationen Shakespeare's durch deutsche Künstler; u. s. w. Wir wollen hoffen, daß sich ein thatkräftiger Organismus für die Verwirklichung so vielfältiger Bestrebungen herstellen lassen wird, und zweifeln nicht, daß einem solchen Unternehmen die Sympathie und die Unterstützung nicht nur jedes Shakespeare-Verehrers, sondern überhaupt jedes Freundes der englischen Sprache und Literatur gewiß sind. Jedenfalls wird damit ein Feld betreten, welches reiche Frucht für die Pflege der englischen Sprache und Literatur und durch dieselbe für unser ganzes geistiges Leben zu tragen verspricht. Vor allem müssen wir die Gründung einer Shakespeare-Bibliothek als einen glücklichen Gedanken, ja als eine That willkommen heißen, welche für alle Arbeiter auf dem Gebiete der englischen Philologie segenverheißend ist. Denn nichts war für sie bisher mit größeren Schwierigkeiten verknüpft, als die Beschaffung der literarischen Quellen und Hülfsmittel. Wir setzen voraus, daß sie sich einer bereits bestehenden größern Bibliothek anschließen und in liberalem Sinne verwaltet werden wird. Die Erträgnisse der öffentlichen Feierlichkeiten, welche am Shakespeare-Feste Statt finden werden, lassen sich unsers Erachtens nicht besser verwerthen, als wenn man sie dieser Shakespeare-Bibliothek zuweist. Sie würde dann bald mit den gleichartigen Instituten wetteifern können, deren Errichtung man aus Anlaß des Jubiläums in England in Aussicht genommen hat. Auch eine Shakespeare-Revue werden wir um so freudiger begrüßen, je höher und wissenschaftlicher sie ihre Aufgabe erfaßt; getragen von den vereinten Kräften einer wohlorganisirten Gesellschaft, wird es ihr hoffentlich gelingen, die Klippen der früheren deutsch-englischen Zeitschriften zu umschiffen und sich eine gesicherte und geachtete Stellung zu erwerben. Daß für unsere Bühne Shakespeare fruchtbarer gemacht werden kann, als bisher, läßt sich ebenfalls nicht in Abrede stellen. Wir dehnen jedoch das zu erstrebende Ziel noch weiter aus und erstrecken es nicht blos auf Shakespeare und seine Werke. Man soll das Eine thun und das Andere nicht lassen. Nicht sowohl ein spezieller Shakespeare-Cultus ist es, was unsere Zeit in Bezug auf ihre englischen Studien als Bedürfniß empfindet, sondern die Herbeiführung eines neuen Stadiums durch Gründung einer wissenschaftlichen Schule, durch Erhebung der bis jetzt empirisch betriebenen Sprachmeisterei zu einem gleichberechtigten Gliede der philologischen Wissenschaft. Und das kann, um uns eine kleine unmetrische Freiheit mit Horaz zu erlauben, nicht besser geschehen, als „Shakespeario duce et auspice Shakespeario"; das wäre ihm zu seinem Jubelfeste ein „monumentum aere perennius".